THE SPIRITUAL LAWS OF WEALTH
财富的灵性法则

吴中立◎著

目 录
CONTENTS

序　言　｜　跟金钱沟通 ‖ 001

第一章　｜　跟金钱的第一次沟通 ‖ 007
　　　　　　万物都可以沟通 ‖ 009
　　　　　　心灵沟通与催眠的区别 ‖ 010
　　　　　　跟金钱的第一次沟通 ‖ 012
　　　　　　钱喜欢流动 ‖ 018
　　　　　　你越发愁，钱就越少！‖ 021

第二章　｜　跟金钱的第二次沟通 ‖ 027
　　　　　　跟金钱的第二次沟通 ‖ 029
　　　　　　恐惧导致金钱流失 ‖ 032
　　　　　　以心为媒 ‖ 037
　　　　　　他跟金钱的关系为什么不好？‖ 038
　　　　　　对金钱的罪疚感 ‖ 043
　　　　　　她炒股为什么会亏钱？‖ 049
　　　　　　"钱啊，你们为什么要离开我？" ‖ 055

第三章　金钱是一面镜子 ‖ 061

金钱是一面镜子 ‖ 063

投资的恐惧 ‖ 064

对死亡的恐惧 ‖ 068

亏欠感和愧疚感的影响 ‖ 075

清理财富障碍的四个问句 ‖ 078

忏悔之后，金钱流回来了！‖ 079

第四章　金钱是信念运作的结果 ‖ 085

金钱是信念运作的结果 ‖ 087

万物有灵 ‖ 089

我们的潜意识 ‖ 093

跟自己的潜意识沟通 ‖ 094

关于金钱的冥想和回溯 ‖ 098

一个人内在丰足，钱就会不请自来 ‖ 101

第五章　金钱是一种关系 ‖ 103

什么是系统？什么是系统排列？‖ 105

金钱喜欢与父母关系好的人 ‖ 107

金钱损失与父母早逝 ‖ 109

财富障碍与家里被排除的人 ‖ 110

"出来混，迟早是要还的！" ‖ 115

给富豪大亨们讲课 ‖ 117

我们的潜意识无处不在 ‖ 118

"金钱本身就是有灵性的！" ‖ 120

目 录

第六章 | 向内心寻找答案 ‖ 123

外境即是内心 ‖ 125
聆听心灵深处的声音 ‖ 127
改变想法就是改变命运 ‖ 129
给心灵"开光" ‖ 135
一个清洁女工的故事 ‖ 136
一个果农的故事 ‖ 141
从工作中体会到神圣 ‖ 146

第七章 | 破解潜意识之谜 ‖ 151

破解潜意识之谜 ‖ 153
身、心、灵是一个整体 ‖ 155
种瓜得瓜,种豆得豆 ‖ 159
种下更多的财富种子 ‖ 162
与灵性"大我"沟通 ‖ 164
一个精神科医生的故事 ‖ 166
全新的意识转化之道 ‖ 169

第八章 | 财富的灵性法则 ‖ 173

物质的本质是什么? ‖ 175
财富的灵性法则 ‖ 177
"钱是什么"和"什么是钱" ‖ 180
创造财富的三个层面 ‖ 182
心灵成长对创造金钱有什么帮助? ‖ 185

| 附 录 | **如何跟金钱沟通？**
——12个简单而有实效的练习 ‖ 187

练习 1：金钱冥想 ‖ 189

练习 2：用纸片来探索你跟金钱的
　　　　关系 ‖ 191

练习 3：用人作代表，来探索你跟金钱的
　　　　关系 ‖ 193

练习 4：清除潜意识里面的阻碍——跟金钱
　　　　有关的愧疚感或罪恶感 ‖ 195

练习 5：发现你的限制性信念 ‖ 198

练习 6：深入探索你的限制性信念 ‖ 203

练习 7：跟金钱进行深度沟通 ‖ 205

练习 8：练习跟金钱打招呼 ‖ 207

练习 9：观想金钱来到你身边的渠道 ‖ 209

练习 10：睡前原谅所有的人和事情 ‖ 210

练习 11：让金钱流动起来 ‖ 211

练习 12：运用本书的方法帮助你
　　　　 身边的朋友 ‖ 212

参考书目 ‖ 213

序言

跟金钱沟通

序 言

跟金钱怎么沟通？你可能觉得奇怪，难道金钱跟人类或动物一样有灵性、会说话吗？

是的，我要告诉你的就是如何跟金钱沟通，怎么学会做一个心灵富足的人。请注意，我说的心灵富足不仅是指善用金钱，而且意味着要把自己的生活过得充实、圆满而快乐，因为这个世界上到处都能见到拥有无数金钱、房产但心灵匮乏、生活不开心的人。

写下这段文字的时候，金钱好像也在对我说："嗯，在那些人那里，我们过得也不开心。"

心灵富足，并不意味着手头都有很大一笔存款，开着奔驰、宝马，也不意味着每天都是锦衣玉食。不过，这样的人也不会对现状感到失望，因为在他们真正需要钱的时候，钱就会很顺利地到他们手里，没有任何阻碍。

金钱自由而充沛，使用者则喜悦而丰足。无论金钱是在他们自己的口袋里，还是在别人的口袋里，心灵富足的人都一样高兴。他们相信世界上所有的金钱都是为生命服务的，都在为世界繁荣而流动着。他们深知，金钱只是一种能量，无处不在且不会凭空消失，因而，世界上从不存在金钱的匮乏，只有人类心灵的匮乏。

这本书就是我这些年来坚持用各种方式跟金钱沟通的结果。

为什么我要跟金钱沟通呢？

其实，在我的职业生涯中，这本书只是我服务于来访者、跟大量的来访者进行心灵沟通而得到的副产品。

我的职业是心灵沟通师，早期被称作心理咨询师、心理医生，但我现在的工作早已超越了帮助人们开解心理困惑的范围。在我的职业生涯早期，人们向我咨询的确实多数是心理方面的问题，后来人们遇到其他领域的问题也会找我咨询和倾诉，包括情感、婚姻、孩子、婆媳关系、企业经营等方面，自然也包括金钱和财富。以我的经验而言，人生的这些问题绝大部分与心灵有关。

我要面对的客户群及其问题越来越广泛。我不是神，该怎样帮助到他们每个人呢？我知道，每个心灵自身就具有无限的智慧，而我只是一个引导者，引导他们找到自己的心灵潜能，这需要懂得心灵沟通的方法和艺术。

一直以来，我对自己的期许跟别的心理咨询师有所不同。我不想一辈子仅仅做一个普通的心理咨询师，我期望自己成为一个心灵沟通的大师，不但善于倾听，真正懂得心灵语言的沟通，同时也深谙世间一切问题的解决之道，当然一定也是一个心灵无比富足的人。

我这么说，绝无任何炫耀自己的意思，也不想神化这一切。因为我坚信，我所做的这一切本质上普通而平常，每个人在生活中都可以做到。人们心里早已拥有自己想要拥有的一切，包括健康、快乐、财富和资源，而我只是一个能够引导人们发现这一点的人。

序　言

现在，我已经越来越清楚地认识到，每个领域都有大师，只要人们真的能够善用其心。即便是我们面临的困境和问题，里面也有无尽的财富。我在这些年穿越了自身遇到的重重人生困境，一路走来，我发现，正如禅宗所教导的那样："烦恼即菩提。"

这本书虽然不能直接告诉你如何去赚更多的钱，但可以引导你如何告别心灵匮乏，从而变得心灵富足。

因此，你注定将可以拥有很多财富——既包括钱，也包括快乐。我认为，当一个人心灵富足的时候，外在的财富自然会不请自来，因为金钱是非常喜欢流动的。更重要的是，外在财富只有在心灵富足、平静而幸福的人那里才会发挥真正的作用。这也是金钱一再告诉我的讯息。

此外，我还要传达关于金钱的更多讯息，告诉大家如何善用金钱，让生活更加幸福、快乐而平静，而不需要牺牲已经拥有的美好东西，例如良好的人际关系和美丽的环境等。

这既是我的愿望，也是金钱自身的愿望。

第一章 跟金钱的第一次沟通

第一章　跟金钱的第一次沟通

万物都可以沟通

我会告诉你，我是如何跟金钱沟通的。跟金钱的沟通有不下十种方式，当然，这本书和我的课程中都有介绍。

金钱是一种物质，也是一种能量，每个人都能跟金钱沟通，只要把心灵的频率调整到跟金钱一样。不仅金钱，我们还可以跟宇宙万物进行沟通，因为它们都是能量的具体呈现，每一样事物都有其独特的振动频率。

因此，你不仅可以跟不同地方的风和水沟通，还可以跟日月星辰和花草树木、小动物、矿物等沟通，也可以跟很小的分子和原子沟通……只要善用其心，懂得调整自己的振动频率，与万物保持和谐一致。

我们的心灵并不是心脏，所以，我们心灵的振动频率也不是指心脏的跳动频率。我们的心灵就是我们的意识，心灵的频率就是我们的意识的振动频率。

在这里，我不得不说，目前世界上的生物科技研究关注肉体的心脏太多了，而关注心灵或意识太少了。是的，如果你觉得惊讶，请允许自己敞开心灵。毕竟，对这个世界我们已知的东西太少，而未知的太多了。

你或许想知道我是怎么跟金钱沟通的。我的理解和发现是：人有多少种，跟金钱沟通的方式就有多少种。譬如，有的人擅长图像思维，有些人是用听觉思维，有些人则是用行动思维，也有些人擅长直觉思维，而有些人总是偏于理智……

所以，每个人的沟通方式都不会相同。你的心越是自由活泼，能掌握的沟通方式就越多。我知道的是，有些人可以直接迅速地观想金钱的样子来跟它们沟通，而有些人则需要专注地静坐、放松、冥想好一段时间才能进入跟金钱沟通的状态；有些人要通过现实中发生的某些具体事件才能信任自己的直觉，从而去领悟金钱带来的讯息，而有些人要通过心灵沟通师或催眠师的引导才能跟金钱进行沟通；一些理性的人只能通过观察别人跟金钱沟通的过程得到讯息，也有些人通过我所带领的系统排列工作坊里"扮演"金钱的人（这样的人称为"代表"）的反应获得讯息，甚至有人通过孵化梦境而得到金钱的讯息……

在这本书中，我会和朋友们分享很多方法，其中最普遍的一种是让有一定经验的心灵沟通师来引导你去跟金钱进行心灵沟通。

心灵沟通与催眠的区别

有些人把我刚才说的这个过程称作催眠，我更喜欢称它心灵沟通。

表面看起来，心灵沟通的过程与催眠治疗很相似，都是把一个人引导至身心放松的状态（所谓"潜意识状态"），对来访者进行谈话治疗，通过跟来访者潜意识的探索、交流和沟通，帮助来访者解决问题。两者的不同在于：

1. 心灵沟通的重点是引导，而催眠治疗更多是依靠向来访者输入暗示来改变来访者。

沟通师以引导来访者在放松的状态下回溯过去发生的事件

为主，探索其问题的发生原因、机制，这个过程主要依靠来访者自己的探索和领悟，沟通师只是引导而不施予暗示。

不仅如此，在整个沟通过程中，沟通师还必须始终秉持不分析、不评判、不逃避、不对抗、不预设目标、不贴标签等"六不"原则。

2. 心灵沟通不预设任何目标，更注重过程和自发性，让来访者在探索问题的过程中自然发生转变；催眠治疗则强调目标，往往以直接改变来访者的问题症状为目标。

3. 就心灵沟通而言，沟通师往往不需要太多技巧，只需要来访者对沟通师有最基本的信任，催眠治疗则比较注重技巧。

4. 心灵沟通更强调在来访者意识清醒、身心放松的状态下进行，而催眠治疗有时候会在来访者深度的无意识状态下进行。

我之所以认为自己的工作是心灵沟通，而不是催眠治疗，是因为"催眠"一词很容易让人产生某种误解，以为我在这本书里所讲的观点，是来访者们被我催眠之后根据我的暗示得出来的结论，好像他们是不由自主的。其实不然。在我的所有案例中，每一个来访者的沟通过程都是在他们意识清醒的状态下完成的，他们从来都不是完全无意识的。而除了放松引导之外，我也从不在沟通过程中对他们做出任何观念上的暗示。

我认为，心灵沟通师只是通过引导他们回溯过去发生的事件来探索自己潜意识的人。

这本书里的故事都是根据真实案例整理而成的，因为涉及隐私，来访者都使用了化名。

一开始我想把这本书写成一本小说，因为在小说的架构里我可以虚构更多的美妙情节，长篇累牍地刻画某些场景，甚至可以加入一些玄幻的色彩，这都会更吸引人，或许也会多一些卖点，很多朋友也这么劝我，但我不想这么做，因为我不愿让人以为这些是虚构的故事。

如果我虚构一些东西来表达观点，那似乎又变成了某种催眠暗示。在这一点上，或许我显得有点老顽固，我不想对任何人实施传统观念里所谓的催眠，而更希望人们带着全新的、清醒的意识去认识金钱和财富，进而认识自己的心灵。

在我们这个时代，只要给大部分人提供足够多的幻象或表象，就能轻易地把他们催眠，但我认为这恰恰是问题所在。人们在集体无意识的贫穷感、匮乏感所支配的被催眠状态下，已经麻木得太久太久了。而心灵匮乏状态又往往是人类冲突、犯罪以及环境污染等一系列问题的根源所在。

我只希望这本书能唤醒人们，给这个世界带来一点点改变。

跟金钱的第一次沟通

曾经我自以为是一个理性主义者，事非亲见亲闻不敢相信，对于超出自己经验范围的事物一律抱怀疑态度。我相信纯粹的唯物论，并一度把金钱看成一种没有任何生命的东西，以为它们只是一种供人类使用的工具罢了，更不会相信自己跟金钱之间会有任何情感交流的可能。然而，工作经历逐渐改变了我的看法。

有一次，一个在人际交往和工作中感到很不自信的女孩子来向我求助。我把她引导进入放松冥想状态，让她回溯了很多她从小目睹的父母在公众场合为钱吵架的事情，顺带也谈到了

第一章　跟金钱的第一次沟通

她从小就对钱有很深的敌视心理。经过几轮沟通，我不仅让她释放了在那些事件中积压的情感、记忆，也让她在最后观想到金钱时心里充满了感恩、放松和平静。

我问她看到金钱在面前时是什么感觉，她说金钱就好像一个个可爱的卡通小人儿钻到了她的怀里，不愿意离开她。她感到非常温暖，说没想到原来金钱对她是这么的友善。

我很欣慰自己能帮助她理解父母，并改善她面临的人际关系困境。咨询结束后她问我："老师，您是否能帮我跟金钱沟通呢？我想了解一下金钱，也想改善自己跟金钱的关系。"

我问她怎么会突然有这么个想法。

她说："我读过的一本书里说'万物有灵'，那金钱也有灵魂吗？"

引导一个人跟物质一类的事物沟通，这对我来说是第一次。虽然说在技巧上不是什么难事，但第一次来访者当面向我提出这个想法时，我也有点好奇。我看时间还算充足，便答应了她。

"你身上带钱了吗？"我问她。

我让她从钱包里掏出一张崭新的百元钞票好好看一下。她举起来看了又看，不知道我葫芦里卖的是什么药，脸上有点迷惑的样子。

其实我只是想让她在冥想放松的时候更轻松一些。

过了一会儿，我让她把钱放到一边，引导她闭上眼睛，调整好呼吸，使意识进入深层的放松状态。

然后，我让她观想自己在光里面，也观想那张钱在光里面；接着引导她想象自己变成了那张 100 元面额的纸币，并对她说："当你感觉自己变成一张百元大钞时就微微点头示意一下。"

财富的灵性法则

世界上所有的金钱都是为生命服务的,都在为世界繁荣而流动着。

第一章　跟金钱的第一次沟通

不一会儿,她就微微点头示意。

我说:"现在你回到自己刚刚被生产创造出来的那一刻,看看当时自己在哪里。"

她说:"我看到自己在一个很大的车间里面,那里有很多工人。"

"你还能看到场景里面有其他的什么吗?看到什么都可以直接告诉我。"

"工人们分布在车间的不同位置干活。"

"那你在哪里呢?"

"我就躺在印钞机里面,跟很多同样面额的兄弟姐妹排在一起,我们在还没有分切开来的时候是一个整体。"

"在那个场景里面,你听到了什么吗?"

"很多机器运转时发出'哐当、哐当'的声音,偶尔还有工人们的交谈。"

"还能看到自己吗?后来发生了什么?"

"经由很多道工序之后,我被裁切成了现在您看到的样子,我和我的兄弟姐妹被捆扎在一起,后来又有人把我们运送到国库里去了。"

"你在厂里能闻到什么味道吗?"

"嗯,油墨的味道,就像您拿到那种崭新的钞票时闻到的味道一样。"

"你可以离开这个场景,去看看自己进入印钞厂之前是在什么地方,是什么样子。"

"哦,我看到自己只是一张普通的纸,在办公室里、在垃圾箱里、在大街上,在很多地方待过,到处飘移的感觉……"

"再后来呢?"

"后来我跟很多伙伴一起被回收公司收集到一起,被卖到了一家特种纸制造公司,经过很多道加工程序,变成了特种纸。"

"哦,那更早之前呢?你看到自己是什么形态?"

"我看到了一堆木料,成堆成堆的木材,堆放在一个露天的场地上。成为纸之前我不过是些木材,经过加工我就变成了纸。"

"再往前追溯你又在哪里?"

"我看到了一棵树,很漂亮的一棵树,就在那座山上。"

"你知道那是什么山吗?"

"长白山吧。"

"你怎么知道那是长白山呢?"

"我不知道,只是眼前一下子就浮现出了这三个字。"她说。

我继续问她,再往前追溯,她是什么,会在哪里。

她说:"我看到自己是一粒种子,在泥土里发芽,慢慢长成树苗,经过很多年变成了一棵很大的树。直到有一天被伐木工人砍倒在地。"

"当你是一粒种子的时候,想到过之后会变成现在这张人民币吗?"

"没有。"

"那你成为一张钞票之后是什么感觉呢?跟以前相比,你发现自己有什么不一样了吗?"

"我感觉自己变得身价翻倍,成了人们眼中的热门货,好像每个人一下子都喜欢上我了,跟以前在大街上被弃之不顾的遭遇真是天壤之别啊。"

第一章　跟金钱的第一次沟通

"你变成了钞票之后，还有什么想法跟以前不一样吗？"

"确实不一样了。被印成钱之后，仿佛就有一些想法被强行注入了我的身体，这或许就是你们所说的灵魂吧。从那以后我就直接变成了财富家族的一员，我是财富的象征，人们乐于见我，喜欢我，都以拥有我为追求的目标。"

"这些想法不是你原来就有的？"

"不是的。"

"那是怎么来的呢？"

"这种想法是人类价值观影响的结果，是人类有了强烈需求之后创造了我们，让我们从普通的纸变成了财富的象征，我的存在就代表着价值。所谓的灵魂，其实是人类的集体意识所赋予我们的。"

"那你知道人类使用者的想法吗？"

"当然，我们本身就反映了使用者的想法。我们钱跟人的脑波是同步的。"

"这是什么意思？"

"我们就像映照人类的一面镜子，天生就懂得人的内心，也变成了人类心灵的一部分。我们跟人类的心灵有着同步感应，量子物理学家不是说观察者影响被观察者吗？我们就无时无刻不受到观察者的影响。"

"等一等，能不能再解释一下你刚才讲的量子物理学？"那一刻，我承认我快有点跟不上她了。

看着眼前这个人，我开始迷惑起来。她好像变成了另外一个人，而她的话语甚至超出了我所理解的事物范畴。

"我的前世是纸张，纸张的前世是树，树的前世是一粒种子。一旦被印刷成钱,我就被赋予了人类的意识。于是,每个人都会想到我,一种力量进入了我,投射进来,就仿佛我有了一个内在模式。我懂得人心,人类的一部分信息储存在我里面。我也变成了给人类带来方便的象征。"她好像做总结一样。

"稍等,我还想做点记录。"我说。

"好的。"她很善意地笑了笑。

"请继续说。"

"这是典型的量子力学的观点:观察者影响被观察者。钱跟人类的脑波是同步的。"

……

太不可思议了,就在这一刻,她仿佛摇身一变成了哲学家,坐在我面前。我们的身份也好像都变了,她不再像刚才那个第一眼看起来有点羞涩的女孩,而成了教导我的老师,我反而成了她的学生。

不过,这似乎也没什么不好的,我很乐意换个角色,如果能学到一些不同的东西的话。

钱喜欢流动

"钱跟人类的脑波同步,这一点意味着什么呢?"

"很简单,你喜欢钱,敞开心灵欢迎它的到来,那么,它也会喜欢你;反之,你不喜欢它、抗拒它,它也一定会抗拒你,这说明你跟它不同步,也代表你会错过拥有它的一些机会。"

"能不能说说你们被印刷出来后又去哪里了呢?"

"去了银行。通过银行,我们又到了很多人的手里,不断地

第一章 跟金钱的第一次沟通

流动。"

"你们喜欢流动吗？"

"喜欢。"

"你们是喜欢不断流动，流到不同的地方，还是更喜欢待在一个地方？"

"我们不会只待在一个地方，我们更喜欢到处流动。钱不流动就无法发挥作用；流动越频繁，我们就越有价值。只有在流动中，我们才能创造出更大的价值。"

"这么说，钱也很喜欢人们使用它，对吗？"

"是的。人们越开心地使用我们，我们越开心，因为这正是钱的价值所在。"

"你是说我们即使是花钱，也要开开心心的？"

"是的。告诉你个秘密，你若开开心心地花钱，花出去的钱还会再回到你手上，而且循环回来后会带来更多的同类。"

"哇，那太好了。我以前还一直以为钱花了，就不再拥有了。"

这的确是我以前没有仔细想过的。这么说来，金钱的暂时得到和失去都不能说明什么，可能只是事物的表象罢了。

"如果我不开心呢？"

"不开心的人很容易失去钱，也不会感觉到富有。尤其在你患得患失、心有恐惧的时候，钱就很容易跑走，不再回来。"

"这么说，每天我都要想办法让自己过得开心才行。"

"是的，但开心不能勉强，发自内心的喜悦才是真正的开心。"

"人们常常会因为失去钱而不开心，没想到反过来思考其实更合理:恰恰是因为不开心,他们才失去钱。这样说对吗?"

"对的。"

"如果我很喜欢钱,只赚不花,钱会喜欢吗?"

"钱不喜欢这样。"

"为什么?"

"只赚不花的人表面上很喜欢钱,在潜意识里却是害怕失去钱。"

"那钱会怎样呢?"

"钱会离开他们。一旦失去钱便不开心,说明他们并没有真正懂得金钱的感受。"

"嗯,听你这么说,好像钱也有感受?"

"当然有。"

这样说起来,钱似乎还是一种有情感的东西。

"没想到啊,我原本还以为你们只是一堆冷冰冰的物质呢。"我说。

"钱会随着情感流动,所以,面对我们时不要有任何恐惧心理。收到时开心,使用时也开心,钱就会给你带来很多兄弟姐妹。"

听到这里,我的脑海里仿佛浮现出了一个画面:很多钱像潮水一般向我席卷而来,涌到我的脚边,越来越多,我不由得精神振奋了起来。

第一章　跟金钱的第一次沟通

你越发愁，钱就越少！

"可是我的老爸老妈每次都劝我要多存钱、少花钱，最好不花。他们总是为子女攒不到足够的钱而发愁。你说，只赚不花难道不好吗？"我继续问她。

"是的，太过了就不好了。钱不喜欢流向心存恐惧的人，它喜欢流动，喜欢流向稳定的磁场和喜悦的情绪。一个人没有负面感情，就可以拥有更多的钱。你越发愁，钱就越少！"

"你越发愁，钱就越少！"这句话听得我有点心惊肉跳。

我的父母、亲戚、朋友，大部分都为钱发愁了一辈子。虽然他们确实很穷，而我自己也很难不受他们的影响。

"看来我对钱的了解还真是不够，那我该怎样让钱越用越多呢？"

"如果你了解了钱的情感、性格，其实不用那么辛苦地追求钱，钱也会自动地流向你手里。"她说。

以前我也听到过有些会赚钱的人说："人只有两只脚，而钱有四只脚（角），所以人是跑不过钱的。与其追着钱到处跑，不如让钱自动跑到你身边。"似乎跟她所说的不谋而合。

"如果你不了解钱的话，就要学会对钱心存感恩，这样它也乐于帮助你。"她继续说。

"谢谢你，我明白了。除了心存感恩，钱还希望人们怎样对待它们呢？"

"总的说来，钱喜欢它被用在最有价值的地方，喜欢人们以尊重和感恩的态度去使用它。"

"能说得再具体一点吗?"

"譬如说,有些人习惯把零钱随便塞在抽屉里、衣柜中、化妆台上、枕头下面,弄得到处都有。其实,再小额的钱你也要珍惜和尊重,它们不喜欢被人扔弃在角落里,而是希望你能把它们的价值发挥出来。"

"不积小流,无以成江海。嗯,看来我们平时的确要注意这些细节。还有呢?"

"心存恐惧的人常常不懂得尊重钱,他们经常把钱弄得皱皱巴巴,在口袋或是钱包里把它们倒置起来,或到处乱放。"

"原来把钱弄得皱皱巴巴也代表恐惧?能解释一下吗?"

"是的,人们把钱弄得皱皱巴巴、破破烂烂的时候,传递出来的信息是他们不看重钱。钱也害怕倒转,经常把钱倒转过来的人在某种程度上也传递了扭曲的信息。人类潜意识里对上下左右的方向、秩序形成了固定的法则,是很难改变的,就像人们不习惯倒着走路一样。一个人经常将钱倒转着放,他的潜意识是不稳定的,心存恐惧的人很容易这样。"

"心存恐惧的人还有什么表现呢?我也想知道自己是不是这样的人。"我迫不及待地想多了解些。

"心存恐惧的人害怕把钱花出去,不相信钱会再回来。当他这么想的时候,钱就真的不会回来了,就越用越少。从某种程度上说,钱是为配合他内心的想法而变少的。"

"你是说,如果我不怕花钱的话,花出去的每一笔钱都会再回来,是吗?"

"是的。"

"如果有人找我做咨询,付给我报酬,以后它就会再回到他

第一章 跟金钱的第一次沟通

那里？是不是意味着我以后要失去这笔钱？"

"钱到了你手里，总有一天你会把它们花出去，这时候钱就会很开心。在流经的每个人那里，它都会演变成更多的形式。每个人都得到了他想要的，钱会越用越多。"

"如果是这样，我们就真的不用为花钱而发愁了。"

"是的，前提是你花出去的每分钱都是正当的，它们是真正属于你的，你花这些钱的时候心里没有任何挂碍。"

"如果心里有挂碍的话又会怎样呢？花了的钱就不会回到他那里吗？"

"往往是这样。心里有挂碍的人，思想频率会变得不一样，他心里面不是喜悦，所以钱在他那里通常只会变少。钱更喜欢流向开心和喜悦的人那里。"

"我想知道，为什么有些人会怕花钱呢？"

"那是因为他们内心恐惧，害怕钱会失去、会变少。金钱不喜欢流向心存恐惧的人那里。"

"谢谢你告诉了我这么多有用的讯息，我会记下来，也会传达给更多的人，让他们明白如何了解钱、尊重钱。那我们应该怎样做，才会没有恐惧呢？"

"想要有钱的话，一定要学会尊重钱，也许你可以先从学会整理好自己的钱和钱包做起。一个人钱包里面的纸币凌乱无章，是很难吸引钱的。学会爱钱，财运才会好。"

"难道不是每个人都很爱钱吗？"

"当然不是。有很多人只是对钱有欲望，内心里却并不真爱它。"

"嗯，明白。对钱有恐惧和没有恐惧的人又分别会有什么样的表现呢?"

"看他花钱的方式和态度就能知道。对钱心存恐惧的人，表面上是他在支配钱，实际上却是被金钱支配，就像表面上牵引着风筝的人，其实是风筝牵引着他。"

她停顿了一下，接着说："心无恐惧的人在赚钱和花钱的时候，心里都没有挂碍，钱也就会给他带来更多的同类。"

天色暗淡下来，已经到了平时吃晚饭的时间，我们竟不知不觉地沟通了一个小时。

我只能暂时结束这次谈话。

"谢谢你告诉我这么多讯息，因为时间的关系，我们这次的沟通先到此告一段落。请你将意识放回自己的身体上，做几次深呼吸，再慢慢睁开眼睛。"

此前，我从未这么认真而深入地关注过金钱的话题。对我来说，平时和人谈论钱都似乎是一件让人害羞的事情。为了改变这一点，我也曾上过一些成功学之类的课程，但走出课堂之后却发现自己还是一如既往，对金钱的观念依然没有多大变化。但今天的金钱话题却让我们兴味盎然地沟通了一个小时，仍让我感到意犹未尽，这真是不可思议。

我看着纸上的记录，虽然只是一些只言片语，却在很大程度上扩展了我对金钱的认知。我心里感到惊讶之余，也不免有些困惑。

一个人真的只要开心就能吸引金钱吗？难道钱真是像长了脚一样的吗？心里面害怕失去钱的人就真的会失去它们吗？又是通过什么方式失去的呢？

第一章 跟金钱的第一次沟通

而我开心地把钱花出去了之后，怎么知道它们就真的会回来？它们什么时候会回来呢？从什么渠道或者以什么方式回到我这里呢？

为什么我周围总是有很多抱怨钱不够花的朋友？

那些一天到晚劝我要节约用钱和定期存钱的亲人朋友们，他们对钱的态度难道是有问题的吗？

为什么人们会对金钱心存各种各样的恐惧呢？

一个人该怎么做才能克服恐惧，创造财富、吸引金钱呢？

……

我在心里隐隐地期待下次还能够继续了解更多有关金钱的智慧。

我还意识到，越是像日出日落一样平常的事物和现象，我们越容易视而不见。今天或许就是这一张普普通通的钞票，明天也许是一个苹果、一粒石子——它们的背后想必都有着无穷无尽的奥秘，等着我们去探索。

财富的灵性法则

金钱是一种能量,无处不在且不会凭空消失,因而,世界上从不存在金钱的匮乏,只有人类心灵的匮乏。

第二章 跟金钱的第二次沟通

跟金钱的第二次沟通

一周之后,这个来访者再次如约而来。看来,上次的沟通不仅激发了我对金钱的兴致,也激发了她更大的兴致。

为了让她更深入地感觉,我特意从银行取了些全新的100元面额的纸币。

我把钱放在她面前,以便她可以更好地观想到它们。她也很信任我的引导,因此很容易就放松了自己,达到了"潜意识状态"。我引导她充分地观想光在她身体上面,也在那些钱上面。在光里,她再次将自己融入并成了金钱。

我对她说,如果感觉到自己融入、成为钱的话,就请点头示意一下。

她给了我一个示意。

我开玩笑似的跟她打招呼说:"金钱,你好。"

"老师,你好。"她也回应我。

"先说一声'谢谢你',上次的沟通让我了解到金钱原来有那么多的想法和智慧,也很高兴今天你又来到这里。你代表金钱,而我代表使用者来跟你进行沟通。我想知道如何成为有钱人,并且能够帮助更多的人变成有钱人,同时做到心灵的丰盛富足。因此,我想问的问题,依然是怎么吸引金钱以及怎样善用金钱等;我还想了解,一个人怎样在变成有钱人的同时还能保持喜悦、快乐,等等。我会做些记录,以便分享给更多的人。在此先征得你的同意,可以吗?"

"嗯,好的。"她点头说。

"我记得你上次说过金钱喜欢流动，对吗？"

"是的。"

"你们喜欢流向哪些地方呢？"

"人类创造价值的地方、需要我的地方、热闹的地方，我都喜欢去，譬如企业、超市、银行、股市……"

"每个行业领域你们都去吗？"

"是的。每个行业都代表了人类看重的一种价值。"

"除了纸币的形态，你们还以其他什么形态存在呢？能给我介绍一下你们金钱家族里面的其他兄弟姐妹吗？"

"我们家族里的兄弟姐妹非常之多，除了各种面额的纸币、硬币之外，还有黄金、白银、股票、期货、外汇、古玩等，从物质形态到虚拟形态，应有尽有，你只要看哪些行业产生了富豪就能知道，每个行业都有……"

"我想到了储蓄卡、信用卡，这些也属于你们的家族吗？"

"是的。从某种程度上说，一切有价值的东西都是我们家族的兄弟姐妹。钱是价值的象征，理应包含所有的价值形态。纸币只是现在你在市面上看到的最普遍、流通最多的一种价值存在形态。"

"我怎样可以拥有更多的钱呢？"

"就像你现在一样，愿意了解并重视金钱的价值，钱就离你不远了。"

"哦，谢谢你，这么说我也具备成为有钱人的潜质了？"

"当然。"

"可是我现在似乎还不在有钱人的行列。"我呵呵地自嘲了一下。

第二章　跟金钱的第二次沟通

"世界上很多有钱人并不是生来就有钱的，他们多是经历过贫穷后才深深地懂得金钱，懂得珍惜价值。"

"谢谢你的鼓励。我还想知道，有钱人都具备什么特质？"

"他们愿意服务更多的人，尤其是能够为更多的人创造价值。"

"我明白了，比尔·盖茨、沃伦·巴菲特……这些有钱人都是能为更多的人创造价值的人，是这样吗？"

"是的。"

"有钱人都分布在哪些行业呢？"

"各行各业。每个行业、领域其实都可以创造出巨大的价值，都有很多有钱人。只要你能心怀大爱，在你的专业里面为更多人服务、创造价值，那你一样可以拥有很多钱，可以成为你所在领域里的国王。"

"可有些行业并不是我喜欢的，我怎么能创造价值呢？"

"那是自然，你要做你最喜欢、最感兴趣的事业和工作，才能为更多的人创造更多的价值。"

"你上次说到金钱喜欢内心喜悦的人，而不喜欢心存恐惧的人，是这样的吗？金钱流向哪里，也受情感因素的影响吗？"

"是的。你喜欢跟开心的人在一起，还是喜欢跟整天愁眉苦脸的人在一起？"她反问我。

"当然是开心的人。"

"那就对了。这两种心情主宰着人们的财富甚至是命运，一种是平静、喜悦、富足的心，一种是充满恐惧的心。"

"心里有什么，就会吸引来什么——吸引力法则是这个意思吗？"

"可以这么说。"

"钱不喜欢心存恐惧的人,上次你说到有些人会把钱到处乱放,有些人则过于害怕花钱、不相信钱会再回来等,心存恐惧的人还有其他什么表现呢?"

"心存恐惧的人常常为了一点点钱跟别人计较,凡事爱讨价还价,对金钱的流动缺乏信任。"

"嗯,你这么说让我想起菜市场常见的那些总爱讨价还价的人。"

我突然想到,前段时间碰到过一个想来向我咨询的人,也是因为费用的问题跟我讨价还价,碰到这样的顾客我多少也会感到尴尬。

"心存恐惧的人总是很自卑,缺乏价值感,不敢拥有高品质的东西。"她说。

恐惧导致金钱流失

她停顿了一会儿后继续说道:"心存恐惧的人害怕失去钱,会去做自己不喜欢的事情,有些人甚至一辈子都不敢轻易尝试自己喜欢的事情,所以没有创造力。他们认为必须先做自己不喜欢的工作,直到存够了钱才能去做自己喜欢的事情。"

"嗯,这是一个很普遍的现象。还有吗?"

"心存恐惧的人不仅害怕把钱花出去,也害怕拥有钱。"

"害怕拥有钱?怎么会呢?"

"是啊,表面上都喜欢钱,但潜意识里却害怕拥有更多的钱,譬如,担心钱多了会被人骗,怕自己或家人不安全,他们

第二章　跟金钱的第二次沟通

脑子里想的与内心真实的情况其实是相反的，是矛盾的。"

"还有吗？"

"再譬如那些工作上没有行动力、不愿意付出努力，却想着一夜暴富的人。"

"你这么说让我想起我的一些朋友，他们做着不喜欢的工作，只是被社会上流行的成功学口号激励着工作赚钱，但总是缺钱。这是怎么回事呢？"

"因为他们不是发自内心地喜欢自己的工作，还没有找到真正能够发挥自己价值的事情，只是在外在的激励下工作赚钱。一旦成功学口号的力量在现实生活里消磨殆尽，他们就不可避免地感觉到挫折。"

"嗯，这是为什么呢？难道他们内心里对金钱有恐惧……"

"人们的潜意识里有各种各样的恐惧，表面也许意识不到，但会表现在对金钱的想法上，例如，有的人总是怕得不到别人的认同，有的人总是担心会失去收入和基本生活保障，有的人总是怕被客户拒绝，还有的人总是怕跟人打交道……"

"人们认识不到自己心里有恐惧的时候，该怎么办呢？"

"首先要能够勇敢面对自己内心的恐惧，你的心灵沟通工作就可以帮助他们。一个人只有内心没有恐惧，才会足够强大，才能做发自内心喜欢的事业。"

"这也是我想与金钱沟通的原因。还有，什么样的恐惧会让人失去钱呢？"

"任何形式——上述那些恐惧都可能产生影响，让人失去为他人创造价值的机会，最终导致不能吸引反而失去金钱的结果。"

"你是说只要有恐惧,就会影响到钱的流动吗?"

"是的。归根到底,恐惧是一种能量,钱也是一种能量,相同频率的事物会互相吸引。恐惧导致金钱流失,而喜悦会吸引金钱到来。"

"嗯,人的内心恐惧是怎么产生的呢?"

"这个问题属于你的专业领域,也是你以后可以着力帮助别人的所在,可以让你发挥工作的最大价值。"

"谢谢你这么说,可是很少有人愿意接受自己内心的恐惧,更少有人会主动探索自己内心有没有恐惧。"

"是的,很多人其实是处于睡着的状态,即使在清醒的时候也仿佛是被催眠的。所以,大部分人首先需要的是被唤醒,醒来的人才能意识到自己的恐惧。其次,一个人无论内心害怕的是什么,都需要敢于直面这份恐惧,勇于面对而不逃避,才能了解金钱,了解自己。"

"嗯,人们越是逃避,内心的恐惧就越滚越大。你对我这份工作有什么好建议吗?"

"你的工作是很有价值的,人们贫穷从来都不是因为缺乏创造价值的能力,而是因为无法正视并突破自己的内心,无法发挥创造力。如果一个人无法看清自己潜意识里的恐惧,他不仅不能吸引钱,反而还会失去钱。"

"似乎市面上很多致富书籍都谈到过,一个人要对自己追求的目标足够清楚,把梦想图像化、具体化,除了这些还有什么更重要的吗?"

"这只是其中一方面,更重要的是要看这个人潜意识里对金钱的态度。如果对金钱有恐惧但没意识到,再怎么努力追求梦

第二章 跟金钱的第二次沟通

想也仍然会有阻力。"

"你是说,这两个方面要并重,除了要有清晰具体的目标并创造价值,还要清理自己的潜意识中对金钱的恐惧,是吗?"

"是的。"

……

说到创造价值,我产生了另一个问题:"如果一个人意外地得到一笔财富,譬如中了彩票,又怎么解释呢?他并没有创造相应的价值啊!"

"有一种可能是他曾经从其他事情上间接地创造过相应的价值,只是当时没有彰显出来。若不是这样的话,他得到的这笔钱就可能很快失去。"

"为什么呢?"

"因为他承受不起这么多财富,会由于各种可能而失去。中国古人说'厚德载物',宇宙终究是平衡的。"

"你说过,一个人心里若没有恐惧,做的是自己喜欢的事情,金钱就会不请自来。还有,喜悦地把钱花出去之后,它还会再流回来,流回的方式是什么呢?"

"任何方式都有可能,金钱流回来的方式和人们失去它们的方式一样多。"

"你是说,走在路上都有可能被钱砸到?"我开了个玩笑。

我们都笑了起来。我感到自己的问题已经问完了,心里雾霾般的谜团也渐渐散去。

"谢谢你告诉我这些讯息,我们这次沟通就到这里。"我对她说。

"好的。"她点点头。

财富的灵性法则

金钱是一种能量，敞开心灵，每个人都能跟金钱沟通。

第二章　跟金钱的第二次沟通

我让她把注意力放在自己的呼吸上面，从金钱的角色中回归自己，便结束了这次沟通。

以心为媒

上面就是我跟金钱两次沟通的场景：我先将来访者引导进入潜意识的放松状态，让她成为我与金钱沟通的媒介。然后，我问她一些关于金钱的事情，她代表金钱来回答，我做的事情只是倾听和记录。

跟金钱的沟通不仅扩展了我对金钱的认识和了解，在某种程度上也丰富了我对人性的认识。

后来只要一有机会，我就会邀请一些人来做跟金钱的沟通"对话"，有的是我的来访者，有的是我的朋友。

在这些沟通中，金钱会告诉我，它们从哪里来，要到哪里去，我该怎么使用它们，为什么有些人会失去它们，它们的家族里都有哪些成员；它们也会告诉我，它们喜欢待在什么地方，喜欢什么人，喜欢流向哪里，或者它们不喜欢什么人，不想到哪里去……

一两年后，这种跟金钱沟通的方式除了在课堂上偶尔示范之外我用得越来越少，但我跟金钱的沟通却从未停止，取而代之的是另外几种方式。

其中一种是做个案的方式。

随着我的工作不断扩展，越来越多的人来找我做一对一的咨询，他们想探索的议题和希望解决的问题多种多样，多数是他们在事业与金钱方面遇到的困扰。

这些个案经验使我能够更深刻地感受到金钱的情感，学习到金钱背后蕴含的智慧。我也慢慢地明白，做这些个案也开启了我跟金钱沟通的另一种方式。

金钱有时候是通过发生在这些来访者身上的故事，即他们经历的挫折、痛苦，来给我传递讯息的。而之前我跟金钱的沟通所得，后来也在这些来访者身上得到了某种验证。

我的工作常常需要考虑如何切实有效地去帮助他们根治内心的恐惧，在这个过程中我终于明白，当一个人对所有的恐惧和挂碍释怀了，只需单纯地做自己喜欢、令自己开心的事情时，金钱就会不请自来。

我常常惊讶于来访者身上发生的故事，也感谢他们的故事给我带来的关于金钱的讯息，它们远比被热传的创富故事要生动、精彩得多。

我把这些关于金钱的讯息记录下来并写成了这本书，希望它会成为改善贫穷和匮乏的一剂良药。

他跟金钱的关系为什么不好？

一个男性来访者找到了我的工作室。

我问他面临的问题是什么，他说："我最近觉得自己毫无动力。我与别人合作的一个创业项目遇到了挫折，想赚钱但就是提不起劲。我觉得自己不比任何人差，但总是做不出成绩，心里充满了烦恼，总感觉与金钱没有缘分。"

"你跟金钱的关系不太好？"我心里暗暗吃惊，以前的那个来访者激发了我对金钱话题的兴趣，现在又遇到一个觉得自己

第二章 跟金钱的第二次沟通

"与金钱没有缘分"的来访者。

"是的,我想知道自己为什么没有赚钱的动力。"

我给他说明了心灵沟通要注意的大概事项后,就开始引导他进入潜意识放松状态。在我一步一步的引导之下,他说出了自己在金钱方面感到困扰的事情。

他说:"我在脑子里看到了一个画面,好像是自己小时候的样子。"

我问他:"你看到的自己大概多大年纪?"

他说:"三岁吧。"

"哦,那就好好看看那个画面,让自己回到当时的情境里。你那时在做什么呢?发生了什么事情?"

"我在院子里和邻居的两个孩子一起玩耍时,外面来了一个卖雪糕的人,那两个孩子回家拿了零花钱,各自买了一支雪糕。我因为没有零花钱,就跑到妈妈那里,问她要钱买雪糕。"

"你妈妈当时在哪里?正在做什么?"我问。

"妈妈在厨房干活。"

"你问她要钱之后呢?"

"听到我问她要钱,她显得很不耐烦。"

"那她给你钱了吗?"

"没有,还训了我一顿。"

"训了你什么呢?"

"'好吃鬼,就知道吃!'"

"然后呢?"

"我就一直在妈妈身边软磨硬泡,不愿走开。"

"哦,接下来呢?"

"她生气了,抓起地上的扫帚开始打我,我委屈地哭了。"

"后来呢?"

"后来,卖雪糕的人走了,而我一直在哭,妈妈还是不理我,只顾干她的活。"

"当时家里还有其他人吗?"

"没有,爸爸不在家。"

"你试着理解一下,你妈妈当时是什么想法,为什么没有给你钱买雪糕?"

"可能妈妈觉得家里经济条件不是很好吧。"

"当时一支雪糕要多少钱?"

"大概一毛钱吧。"

"嗯,你观想一下那一毛钱在光里,试试你能看到它吗?"

他点点头。

"看着这一毛钱,你心里是什么感觉呢?"

"感到无奈、委屈,很讨厌它。"

"那钱对你是什么感觉呢?你也去感觉一下。"

"它也不喜欢我,很讨厌我,离我远远的,我都快看不清楚它的样子了。"

"哦,是什么让你讨厌它呢?"

"可能看到它,就让我想到妈妈训我和打我的样子,还有那时的无奈和失落吧。"

"从这件事上你领悟到了什么吗?"

"难怪我平时看到小面额的钱,总是会有一种莫名的讨厌,现在总算知道原因了。"

"你再看看,还有没有其他类似的事情呢?出现了任何画面

第二章 跟金钱的第二次沟通

你都可以说出来。"我再次引导他。

他点点头,说:"又浮现了一个画面,好像还是我小时候。"

"是多大的时候?"

"大概五岁吧。"

"那你再融入那个画面,回到当时,你在什么地方呢?"

"还是在家里。"

"家里都有谁在呢?"

"好像只有我一个人。"

"你在做什么呢?发生了什么事情?"

"我在翻抽屉,找零花钱,结果找到了一张大面额的钱,然后拿去买零食吃。"

"然后呢?"

"我吃不完,还分了一些给邻居的小孩吃。"

"后来呢,发生什么事情了吗?"

"后来,爸爸和妈妈回到家,发现抽屉里的钱不见了,问是不是我拿走了钱。"

"那你当时怎么回答?"

"我很害怕,不敢承认,但他们不相信。他们一直找也没找到,就认定是我拿了,我只好承认。他们知道我是拿钱买了零食后,就更生气了,找了根竹条,把门关起来……我一下子就傻眼了。"

"怎么了?"

"他们用竹条抽我!狠狠地打我!"

"打你哪里?"

"大腿、屁股、后背,到处抽。"

"你感觉怎样?"

"每一处被打到的地方,都是火辣辣的痛。"

"那你当时怎么了?"

"我当时鬼哭狼嚎,四处躲闪,后来躲到桌子底下,又被爸爸揪出来继续打,直到我吓得钻到床底下去。"

"他们打你的时候说了些什么?"

"他们一边打一边骂:'我叫你偷钱!我叫你乱花钱!我叫你偷钱!我叫你乱花钱!'"

"后来呢?"

"后来他们打累了,又实在打不到我了,才罢手。"

"你当时是什么感受呢?"

"我恨死他们了,也很委屈、很屈辱,想死的心都有。"

"嗯,我理解。后来呢?"

"看不清了。"

"请你从那个场景里面抽离出来,想象你拿去买零食的那张钱就在你面前。你看着这张钱,心里是什么感觉?"

"很仇恨,很厌恶,不想见到它。"

"那你觉得它对你会是什么感觉?"

"它也厌恶我,像长了脚一样,一下子离我更远了。"

"这件事让你领悟到了什么?"

"我说怎么平时赚不到钱呢,原来我对钱这么厌恶。"他重重叹了口气。

第二章　跟金钱的第二次沟通

对金钱的罪疚感

"嗯，你再看看还有没有其他类似的事情。"我继续引导他追忆过去。

"有，"他迟疑了好一会儿，才好不容易下了决心似的说，"那是我大学毕业之后到一家单位上班，有一次被派到外地出差，住在一个酒店里。"

"你一个人吗？"

"嗯。"

"当时在酒店里发生了什么事情吗？"

"晚上我独自住一个房间，觉得非常寂寞无聊，这时电话铃响了，我拿起话筒，听到了一个女人的声音。"

"哦，你听到了什么？"我问他。

"电话里问：'先生，请问需要上门按摩服务吗？晚上按摩一下睡觉会很舒服的。'我对此很好奇。"

"嗯，接下来呢？"

"过了一会儿来了一个服务小姐，她让我躺在床上，开始给我按摩。不一会儿，又问我要不要特殊服务。"

"你当时怎么想呢？"

"那是我第一次跟异性单独在一起，有点动心，但以前从来没做过这种事，心里又紧张又害怕。"

"那后来呢？"

"那个女人一直诱导我，劝我做一次，我动摇了。第一次做很紧张，我很快就……我感到失望，也很后悔。她却开始问我要钱，我心里感觉很不舒服，但我只能付钱，便把钱甩给了她。"

"你付了她多少钱呢？"

"好像是五百块吧。"

"后来还发生什么了吗？"

"后来我整个晚上都在自责，睡不着。"

"那是什么感觉？"

"有一种罪恶感。我那时一个月才挣一千多，一下子就失去了一半。主要是这个过程并不舒服，我没有感到快乐，只感觉自己上当受骗了。"

"嗯。请你从那个场景里抽离出来，现在观想那五百块钱在你面前，看着这些钱你是什么感觉呢？"

"我感到那些钱离我很远，我厌恶它们，看到它们就有一种罪恶感。"

"那它们对你是什么感觉呢？"

"它们好像也讨厌我，对我嗤之以鼻：你这个肮脏的家伙，我们再也不要见到你。"

"你想对钱说些什么吗？"

"不想。"他的回答很直接。

"从这件事里你领悟到了什么呢？"

"我说我怎么这么讨厌钱，有时候看到它们心里面就有罪恶感，一直不知道是什么原因，现在我又明白了一点。"

我决定再引导他看看，便再一次问他说："再往更早之前看看，还有没有发生过其他类似的事情呢？"

他沉浸在自己的思绪中，过了一会儿说："有。"

第二章 跟金钱的第二次沟通

"看到什么了？请你说出来。"

"好像看到一个将军。"

"将军？"

"我不知道该不该说出来。"

"没关系，无论你看到什么，就算是让你感到害怕的东西，都可以说出来。"

"有一个将军，好像在战场上。很多人在打斗，周围死了很多人，有一些人是这个将军的手下，另一些人好像是土匪。"

他说话的语速变慢了，好像在分辨着什么。

"那个将军让你联想到了什么人吗？"

"好像就是我自己。"

"嗯，继续看，还有什么吗？"

"身边好像有很多的大箱子。"

"箱子？能看到里面是什么吗？"

"全都是金银财宝。"

"嗯，发生了什么事情呢？"

"不知道。"

"嗯，请你回到刚开始看到的打斗画面，那时发生了什么事情？"

过了一会儿，他才慢慢地理清了头绪，说："土匪抢了很多金银财宝，我好像是个官兵的头目，官府派我去剿灭他们。"

"后来呢？你们剿灭他们了吗？"

"是的，但是遭到了土匪们的顽强反抗，我手下的弟兄们死的死，伤的伤，到处都是尸体。"

"那你呢？"

"我还活着，但是手下已经没几个人了。"

"你是什么感觉？"

"我恨这场战争。"

"你看着那些金银财宝，又是什么感觉？"

"我对它们根本不屑一顾，心里只有仇恨。"

"是什么让你对这些金银财宝不屑一顾呢？"

"这场战争让我手下的弟兄们死伤惨重，都是这些钱带来的灾祸。"

"那你后来呢？"

"后来我解甲归田。我宁愿过一世清贫的生活，也不愿意见人，更不喜欢赚钱。"

"从这段经历中你领悟到了什么？"

"有时候宁愿选择悠闲清净的生活，也不愿为钱而委屈自己。"

"嗯，请你从那个场景里抽离出来，观想那些金银财宝就在你面前，你有任何想法都可以向它们表达出来。"

他说："如果不是因为你们，也不会有那么多的战争、钩心斗角、尔虞我诈；要不是你们，我手下的那些兄弟也不会就这样失去生命……我讨厌你们。"

他哽咽起来。

我说："我理解你的感受。你也可以融入那些金银财宝，去感受它们听到你这些话后是什么感觉，会对你说些什么。"

"它们好像在对我说：'你错怪我们了，我们其实是无辜的，引发战争的是你们人类自身的贪欲，不是钱本身。为了占有我们，人可以去伤害他人，制造仇恨。但人也可以用我们造福于

第二章　跟金钱的第二次沟通

人，我们同样会帮助你。但你却把仇恨投射在我们身上，我们就只好离你远一点了。'"

这个来访者感到很惊讶，对我说："我以前从来没有想到这些，钱说的很对，我错怪它们了。"

我问他："那你想对它们说些什么吗？"

他说："对不起，请原谅我。谢谢你们给我的启发，以后我会好好对待你们。"

我又问他："现在你再去感觉一下，这些钱是什么感觉？"

"它们也很高兴，好像离我不那么远了。"

我继续问他："在这之前，还有其他类似的事情吗？"

他好像在脑海里搜寻了一会儿，说："应该没有了。"

我让他离开所有画面，把意识调回到当下的时间，问他："你从这些事情里领悟到了什么？"

他说："今天收获很多，我领悟到自己对钱一直有恐惧感、罪疚感，潜意识里不喜欢钱，所以钱也不喜欢我。没想到这跟过去发生的事情有关系。"

他接着说："老师，您能再引导我跟金钱沟通一下吗？我想对金钱说一些话。"

我也很好奇，于是就引导他，观想刚才那些事情里面的钱都出现在光里。

我对他说："请你敞开心扉，把想对金钱说的话都表达出来吧。"

他说："对不起，请你们原谅。我对你们一直误解太深，是我错了，也谢谢你们告诉我这么多的讯息。"

说完还合起双手，朝前面拜了拜，样子非常诚恳。

我看他还挺认真，就问他："这些钱听到你这么说，有什么回应吗？你感觉到了什么？不妨表达出来。"

他说："它们好像都很高兴，很高兴我能够忏悔自己的过错，同时能够理解它们。它们好像也原谅了我，愿意靠近我了。我感觉它们都长着和善的面孔，在对我微笑，也离我越来越近，好像要到我怀里来。我感觉到很舒服、很温暖。"

我说："那就在光里面拥抱它们吧。"

那一刻，我真的感觉到他的表情舒缓了很多。

又过了一会儿，我引导他说："请你带着这份领悟，回到当下，然后慢慢睁开眼睛。"

就这样，我们结束了这次心灵沟通。

通过这次沟通，我对金钱有了更深的理解，那就是为什么心存恐惧的人难以吸引金钱，以及人们内心的恐惧是怎么来的。

这个来访者在几个月后联系了我，他告诉我说，在上次沟通之后他的事业出现了转机，财运也好转了。我很为他高兴，这也是我在处理金钱议题方面的又一个成功案例。

正如我以前专门在身心疾病这个议题上花了一两年时间进行个案研究，从中积累了上百个案例经验一样，这次我决定在金钱的议题上面进行同样专门而深入的研究。

怎么来研究这个议题呢？我计划在半年至一年的时间内，专门记录这些跟金钱有关的个案，总结其中的经验，最后再归纳整理成一本书。

那时我在爱好心理学、关注心灵成长的朋友圈里面认识了一些人，就通过电邮和电话告诉他们，如果在事业上或财富上遇到困扰，或者对跟金钱沟通这个议题有兴趣的话，都可以来找我。

结果没几天，我便得到了好几位朋友的回应，他们纷纷表示愿意来做我的来访者，担任我的"小白鼠"。

她炒股为什么会亏钱？

有个朋友在了解了我最近的工作内容后，第一时间联系了我。

她是一位40多岁的催眠师，平时也帮别人做催眠治疗，具有一定的经验。但这次她告诉我，她最近失眠比较严重，困扰她的原因之一就是钱。

原来，她近两年在利用业余时间炒股票，账户里的本金有50万，全部投在几只股票上面，行情好的时候市值有近100万。但她并没有见好就收，近两个月行情大跌，就被套牢了。股市里的钱已经缩水了一大半，本金只剩下不到20万，用她自己的话说，就是"亏得一塌糊涂"。

她来找我是因为在股票投资上感觉到了前所未有的挫折，也想知道为什么炒股亏钱，希望我帮她跟金钱沟通。作为我的同行，她敏感地意识到自己炒股亏钱绝不是只有技术上的原因，而是在潜意识里有更深的情结影响着自己。

我并不知道能帮到她什么，毕竟在这个议题上我的经验还十分有限，但我答应给她做一次两小时的心灵沟通来探究这个问题。

她的催眠感受性很好，同时也很信任我，于是我很容易就把她引导到潜意识的放松状态下，然后引导她："在光里面，我请你进入你内心深处，说出一件最近对钱感觉心有挂碍的事情。"

她说："炒股票亏钱了。"

我进一步问："哦，你是怎么知道自己炒股票亏钱了呢？"

"电视的股票栏目有专家分析了我买的一个股票，我看到它的曲线图近来一直在跌，心里隐隐感到很慌乱。"

"嗯，我明白，请你再重复一遍你刚才说的感受。"

"我心里感觉到有点慌，有点害怕。"

"对什么感到害怕？"

"对股票大跌感到害怕，而且，一想到我的股票冲到近100万时没有及时卖出，我就觉得后悔。不知道为什么每次快冲到100万的时候行情就会下跌，我指望它再涨上去，但现在它再也不涨了。"

"哦，当时看节目的时候除了你，还有谁在家吗？"

"还有我妈妈，她在厨房做晚餐，我在客厅看电视。"

"后来呢，还发生了什么吗？"

"没有。"

"带着这个感觉，你往更早之前看看，想想有没有其他类似的事情。"

停了一会儿，她说："有，我脑海里浮现出一个画面。"

"哦，什么画面呢？"

"我在房间里面，跟妈妈吵架了。"

"那是什么时候的事情呢？"

"两个礼拜前吧。"

第二章　跟金钱的第二次沟通

"请你回到那个场景并融入进去。当时发生了什么事让你跟妈妈吵架?"

"她做的菜我吃不惯,不是咸了就是肉太多。我不喜欢吃,她还偏偏要往我碗里面夹,我不想吃,她就一直唠叨。"

"她唠叨些什么啊?"

"无非是些抱怨的话,抱怨我不听她的话,抱怨自己太累,抱怨我这么大年纪还没有结婚,抱怨自己不容易,抱怨爸爸死得早……"

"哦,当时家里除了你们两个,还有其他人吗?"

"没有。"

"当时听了妈妈这些话,你是什么反应呢?"

"我很烦,不想再听她说任何话,就把自己关在卧室里面。"

"那接下来呢?"

"妈妈还接着唠叨。"

"你又听到了什么?"

"她说我怎么还不给她钱,她身上的钱已经花光了。"

"那你当时做了什么吗?"

"我打开钱包,发现里面只剩一些零钱。我很生气,心里怪她总是说都不跟我说一声,就从我钱包里拿钱,拿了钱还这么抱怨。我心里想,有钱也不想给你了。"

"那后来呢?"

"我戴上耳机,一个人听音乐。"

"再往更早之前看看,还有类似的事情吗?"

"还是我跟妈妈吵架。"

"那是什么时候的事情?"

财富的灵性法则

金钱喜欢流动,喜欢流向稳定的磁场和喜悦的情绪,喜欢流向人类创造价值的地方。

第二章　跟金钱的第二次沟通

"年前我买下了现在住的这个房子,因为平时工作忙顾不上装修,我只好请妈妈从老家过来给我帮忙,跟我一起住。"

"发生了什么事让你们吵架?"

"她总是说我这也不对那也不对,就连买个油漆也会嫌我买得不好,我觉得非常恼火。搞装修自己买材料就累得够呛,回家还要听她唠唠叨叨,觉得特心烦。花的本来就是我自己的钱,我想怎么花就怎么花。"

"当时你说什么了?"

"我忘了,好像什么也没说。我给了她钱,让她去买好了。"

"后来发生了什么吗?"

"晚上表姐给我打电话,说我怎么这么大了还不懂事,还让妈妈操心。我才知道原来妈妈一直跟表姐抱怨在我这里过得不舒心,还说我不给她钱花,很不孝顺。"

"你听了是什么感觉?"

"我感觉非常委屈,又没人理解。之后对妈妈的态度就更不好了。"

"后来呢?"

"我什么也不想说,就一个人躲在房间里哭。"

"再后来呢?"

"这件事就过去了。"

"嗯,带着你这些感觉,再往更早之前看看还有没有其他类似的事情。"

"我看见了自己小时候的样子。"

"那时你多大呢?"

"七岁左右。"

"在哪里?"

"在老家的院子里。"

"周围有些什么?"

"很多人。"

"他们都是谁?"

"有我妈妈,还有很多亲戚。"

"他们在做什么?"

"妈妈在哭,很多亲戚在劝她。"

"请重复这句话。"

……

为了帮助来访者把过往创伤性事件造成的、积压下来的情绪更好地表达、宣泄出来,我会引导他们适当地重复一些话。

"你当时听到了什么吗?"

"听到他们对妈妈说着'节哀顺变''要保重身体'一类的话。"

"你当时在做什么呢?"我继续问。

"我看见自己站在一边,静静地看着他们。"

"爸爸呢?"

"爸爸躺在床上。"

"嗯,然后呢?"

"我看着爸爸,他脸上什么表情也没有。"

"他怎么了?"

"他——死——了!"

这三个字她好像用力憋了很久才说出来,然后她哭了,声音也越来越大。

第二章　跟金钱的第二次沟通

"钱啊，你们为什么要离开我？"

她哭的时候，我一直陪伴着她。

过了一会儿，我引导她说："我理解你的感受，有任何情绪都可以表达出来，没有关系。"

她哭了一会儿，情绪平稳了一些，我对她说："请回到你爸爸去世之前的那个时刻，你当时在哪里呢？"

"他在医院里，我就坐在他身边。"

"当时爸爸怎么了？"

"他得了胃癌。"

"你当时看到了什么？"

"我看到爸爸很痛苦地躺在那里，奄奄一息的样子。"

"当时听到了什么吗？"

"听到爸爸沉重的呼吸声。"

"有什么味道吗？"

"到处都是刺鼻的酒精味道。"

"接下来呢？"

"爸爸示意我过去，要对我说话。"

"然后呢？"

"我把头凑过去，他对我说：'女儿，爸爸要走了，以后要好好听妈妈的话。'"

"请你重复这句话。"

……

她情不自禁地又哭了起来，过了一会儿，可能是积压的情绪得到了释放，才慢慢平息下来。

我问她："当时你跟爸爸说什么了吗？"

"我对他说：'爸，你放心吧，我会好好听妈妈的话。'"

接下来，我引导她在光里面观想爸爸的样子，并向他告别。

她说她能感觉到爸爸在光里面祝福她，然后慢慢上升到空中，直到淡出视线。

这时，我注意到她脸上的表情明亮了许多，也许是情绪得到了很好的释放，也许是对爸爸的去世了却了牵挂。

我问她："这件事跟之前的事情、与钱和股票那些事情有什么关联呢？"

她说她一直记得爸爸临终时看着自己的眼神、要她听妈妈话的嘱咐，以至于她后来很多时候对妈妈的一些做法虽然非常生气，但不敢违背爸爸的嘱咐，也不敢对妈妈表达出来。

我继续引导她："更早之前还有其他类似的事情吗？"

她说："看到一个小女孩。"

"那是谁？"

"是我更小一些的时候。"

"有多大？"我问。

"四五岁吧。"

"看看当时发生了什么事？融入那个情境里，找回自己当时的感觉。"

"爸爸妈妈在吵架，我心里很害怕。"

"听到了什么吗？"

"听不到，只感觉妈妈在骂爸爸'吃里爬外'。"

"什么事会让妈妈这样骂爸爸呢？"

第二章 跟金钱的第二次沟通

"爸爸把刚发下来的工资借给别人了。我爸爸在单位里面人缘很好,谁家有困难他都愿意帮,也不是很在乎钱,而妈妈很在乎。"

"你当时有什么感受呢?"

"很同情爸爸,我不喜欢妈妈那个样子。"

"什么样子?"

"总是很霸道,不讲理。"

"后来呢,又发生了什么吗?"

"我到房间里面拿了我的压岁钱,把它交给了爸爸。"

"然后呢?"

"爸爸亲了亲我,说我很乖,但不要我的钱。"

"然后呢?"

"妈妈很凶地把我的钱夺了过去,还叫我拿零钱去打酱油。"

"你怎么办?"

"我心里非常不情愿,但妈妈一直在骂骂咧咧的。"

"你听见她说什么了?"

"她说:'你愣什么愣,快给我去啊!'我很不情愿。"

"当时是什么让你不情愿呢?"

"可能是妈妈当时心情不好,她的语气让我很不舒服。"

"后来呢?"

"后来我只好去打酱油了。"

"后来又发生了什么吗?"

"没什么了。"

"对于这件事你是什么感受呢?"

"我感觉很委屈,也很后悔让妈妈把钱都拿走了,心想有钱就要自己存起来。"

"从这件事里面你领悟到了什么吗?"

"我跟妈妈相处不来,她向我要钱时我就不想给,但又没办法,总是又矛盾又纠结。一想到妈妈对钱那么小气,我就很鄙视她,我更倾向于像爸爸一样。"

我引导她观想这些事情中的钱都是在光里面,让她跟钱沟通。她说观想到这些钱的时候她很开心,但钱跟她有些距离。

她说想让这些钱离她更近一些。我说:"你可以直接对钱表达这个想法。"

于是她对钱说:"我爱你们,可你们为什么要离开我呢?"

接着,我引导她融入钱,去理解钱有什么讯息回应给她,让她凭直觉表达出来。

她说:"钱好像告诉我,是你自己不希望我们来你这里的,我们只是配合你内心的想法而已。"

我问她:"你能理解金钱这句话是什么意思吗?"

"钱好像是在说,你内心里面有个想法是'宁愿失去钱也不要给妈妈拿去',我们感觉到你有这个想法,就离开你了。"

我问她:"金钱说的对吗?"

她点点头:"有时候我心里确实是这么想的,可是我没想到这会让我炒股票亏掉那么多钱。"

我对她说:"你还想对金钱说些什么,就接着说。"

她问钱:"可是,你们为什么要在我炒股的时候离开呢?"

她又接着说:"钱告诉我,股票下跌只是它们离开我的一种方式。当它们不想待在同一个地方,或者不想待在同一个人手上时,就会用能量的某种流动方式离开。"

第二章 跟金钱的第二次沟通

我说:"你可以问问它们还会以什么方式离开。"

我也有一点点好奇了。

她说:"有时候是做生意亏损,有时候是被人骗,有时候可能是意外丢了钱包,有时候是把钱花在了自己感觉不到太多价值的东西上面等,任何方式都有可能。亏钱的表面原因各种各样,内在原因是人类的某些想法在驱使金钱离开。"

我有点吃惊,但还是继续引导她:"你还想对这些钱表达什么吗?"

她说:"我想请我的钱回来,可以吗?"

"那你问问它们愿意吗。"我说。

她对钱说:"对不起,我以前没有珍惜你们,以后一定会改正。希望你们都能回来,我再也不想失去你们了,我太需要你们了。以后,我也不会因为妈妈说的话而纠结了。"

我问她:"你感觉钱听到这些话后会对你说些什么?"

"这些钱都很高兴听我这么说,它们好像一个个长了脚的小人儿一样跑到我跟前。"

她说这些话的时候脸上绽放着光彩。

我看了下时间,沟通已经进行了近两个小时,于是我告诉她这次沟通将告一段落。

她点点头,我引导她让意识回到当下。

睁开眼睛之后她冲我笑了笑,并一再向我表示感谢,说这次沟通简直太神奇了。虽然她以前也对很多人进行过催眠,但像这样跟金钱的沟通却从未有过,这也让她感觉到自己的事业还有更大的潜力可以挖掘。

第三章 金钱是一面镜子

第三章　金钱是一面镜子

金钱是一面镜子

通过上次的个案，我也领悟到很多。

一方面，我非常感慨，钱的到来或离去，竟然真的会遵循人们内心的声音和想法，这真是神奇。另一方面，金钱的问题似乎也在提醒我们，它注定跟我们生命中某些重要的关系是分不开的。就如这个催眠师朋友身上所呈现的，金钱的失去跟她与父亲、母亲的情感纠葛有关。

这次沟通之后，我隐隐有个预感，虽然这次她放下了对亡父的牵挂，也释放了多年积压的悲伤情绪，可是她与母亲的关系仍需改善，这或许会是她今后需要面对的人生功课。

不出所料，她后来又找我做了几次分析，问题就在于她发现自己在生活中跟母亲仍有很多难以解决的冲突。

我想到几年前，日本作家江本胜写过一本书，叫作《水知道答案》，引起了世界范围的广泛关注。这本书说，水就像一面镜子，它们在结晶状态下常会同步反映出人类的情感波动，给装水的瓶壁上贴不同的字或照片让水"看"，结果不管是哪种语言，看到"谢谢"的水结晶非常清晰地呈现出了美丽的六角形；看到"混蛋"或者"烦死了"的水结晶破碎而零散。因此，他得出一个结论：水是有意识的，当它"感受"到美好与正面的感情时，结晶就显得十分美丽；当它"感受"到丑恶与负面的情感时，结晶往往显得丑陋且不规则。

他的结论不见得每个人都会赞同，但是从某种程度上说，这一观点印证了量子物理学家们提出的"观察者效应"。

所谓"观察者效应",即认为微观物质尤其小到比分子更小的原子或次原子粒子,常常会被实验者本身的想法所影响,从而使得各种参数、性质都难以测量并界定。

由于量子物理学家们的这种发现,越来越多的人开始关注人的意念跟物质之间的关系。一位叫作爱丁顿(Eddington)的科学家说:"我们总认为物质是东西,但现在它不是东西了,物质比起其他任何东西而言更像是念头。"

德国物理学家汉斯-彼得·杜尔(Hans-Peter Duerr)说过:"说到底,物质并不存在,至少不是我们通常概念中的那样。世上只存在着关系结构,且不断变化。我们很难想象这个情况。从根本上说只有关系,一种没有物质基础的联结。我们也可以将其称为精神,一种我们只能感受而难以触摸的东西。意识和物质是次生的——可以说物质是精神凝结僵化后的产物。"

从这个意义上去理解,就意味着不仅水是有意识的,万物皆然。金钱也是世界上的物质之一,如果水知道答案,那金钱肯定也知道,万物都知道答案。金钱也是一面镜子,投射的是不同使用者的心灵意识。

接下来要讲的一些来访者故事也确实反映了这一点。

投资的恐惧

他是一家证券公司的业务员,年龄三十出头,来工作室找到我的时候一副意气风发的样子。

他刚刚进入这家公司实习,工作内容是帮助客户进行期货

第三章　金钱是一面镜子

投资。他对这个行业和工作充满了期待,因为自己就要开始一段全新的职业生涯了。但是,他突然发现一个奇怪的现象:在实习操盘的时候,他的内心总是有一种莫名的焦虑和恐慌感,就要执行买卖决定、点击电脑鼠标的一刹那尤其明显。他意识到他的同事并不像他这样,这完全是自己的心理问题。这种情况需要改变,否则会成为事业发展的阻碍。

于是他在网上搜寻到了我的信息,预约做几次分析。

他如约而来。在了解了他的大概情况后,我们就进入了正式的心灵沟通环节。我引导他调整呼吸、观想光,进入全身放松的状态后,便问他:"现在进入你的内心,如果有什么事让你感到挂碍,就直接说出来。"

他声音低沉,说:"我想知道自己为什么会心里恐惧,我到底是在害怕些什么。"

我继续问:"是什么让你认为自己心里有恐惧呢?发生了什么事?"

"我在公司实习的时候,发现模拟做单会让自己心里很紧张。"

"请你回到公司那个情境里面。当时你在做什么呢?"

"我在看着电脑演练操盘,就在要用鼠标按键下单的那一刻,心里会一阵慌乱,手都会发抖。但我不想被旁边的经理看出来,所以努力控制自己,表现出很镇定的样子。"

"请你将自己带回那一刻,在要下单的时候,你看到了什么?"

"看到很多的曲线图。"

"当时有谁在旁边?"

"很多同事,他们也坐在电脑旁;还有经理,他在指导我旁边的同事,偶尔看看身边其他人。"

"你听到什么了吗?"

"听到经理在训斥那个同事,他也是新来的业务员。"

"他说了些什么?"

"他数落那个业务员:'怎么来这么久了还什么也不懂!'"

"你听见后是什么感觉?"

"我感到有压力。"

"后来呢?模拟下单的时候你怎么了?"

"我心里很紧张,拿鼠标的手在发抖。"

"请重复这句话!"

"我心里很紧张,手在发抖。"

"再重复!"

……

"带着这个感觉,你往更早之前看看,有没有其他类似的事情?"我继续引导他。

他稍微停顿了一会儿说,想到了自己当武警时发生的事情。

"那是什么时候?"我问。

"五年前。"

"发生了什么事情?"

他一句一句给我讲出了他的故事。

那时他在武警部队当兵,他们每年都要执行一个特殊的任务——枪毙死刑犯。

第一次执行任务是在他入伍不久,还是新兵蛋子的他在刑场观摩老兵枪毙死刑犯。他看着一个个犯人被押送过来并站成

第三章 金钱是一面镜子

了一排。

当听到教官发号的时候,他发现自己内心产生了恐惧感。但他一点也不敢表现出来,因为部队一再强调作为军人要有坚强的意志。表面上他不能表现出任何异样,在心里他不断暗示自己要坚强,以平息内心的慌乱。

就在听到教官下达枪毙命令的一瞬间,他的脑袋里几乎一片空白。他下意识地把头扭到一边,不敢去看那些囚犯的样子。他还告诉我,令他羞耻的是当时差点小便失禁,好在用意念强迫自己控制住了。

过了一年,他已经算是老兵了。在执行枪决的任务时,他发现自己还是压抑不住内心的恐慌。他还记得在用军车押送犯人去刑场的路上,一个男囚对他说:"兄弟,等下打枪的时候瞄准点,给老子来个痛快的。"

当时,他很能理解这些死刑犯的想法。这些人都希望自己在死前能少些痛苦,最好一枪殒命。听了死刑犯的话之后,他笑了笑,心里却知道自己有点不自信,但嘴上还是应了一句:"你放心吧。"

到了刑场,他在端枪瞄准的时候,因为恐慌,手有点发抖,结果射偏了,没有打中那个囚犯的要害部位。教官让人检查时发现囚犯还没死,让其他战士补了一枪才算完事。这件事让他心里一直有个疙瘩,他甚至觉得自己很对不住那个囚犯。

他说的很多细节我已经记不清了,无法把他的每一句话都还原出来。但我的确是很仔细地引导着他,让他在内心重新经历了这件事。

两个多小时里,我一遍又一遍地陪伴他回到那个情境中,反复体验当时发生的一切,包括他听到的指令、看到的场景、身体的感觉,以及内心一直压抑的情绪和感受……

他重复一些指令的时候,好几次跟我说,他颈部后面有个部位疼痛不已。我猜想这是他一直用意志力来压抑身体的某些反应所导致的,便建议他不用太在意那个症状。果然,在沟通后一周的某天,他跟我说疼痛的症状已经消失了。

两个多小时的沟通让他感到心里轻松了很多。他意识到了自己操盘时所感受的恐慌,竟跟内心放不下的过往事件有很大的关联,尤其是那些反映在身体上的感觉,很清楚地透露了这个讯息。他内心的恐惧通过手指动作暴露了出来,揭示了某种隐藏着的内在联系,也让他确信这次沟通回溯对他是有帮助的。所以,他第二天就再次找到了我,希望能继续沟通。

对死亡的恐惧

第二天,他再次来到我这里。

我又一次把他引导进入身体放松状态,让他回溯过去发生的事件。他说脑海里浮现出了他幼时父亲去世当晚在家守灵的画面。

"你看到什么了吗?"我问他。

"我看到了一口棺材。"他回答说。

"那是在什么地方?"

"在家里。"

"你当时多大年纪呢?"

"十岁吧。"

"爸爸是什么原因去世的呢?"

"他得了癌症。"

"你爸爸去世时你在哪里?"

"我还在学校上课。"

"你是怎么知道爸爸去世的?"

"我当时在上课,班主任老师到教室门口把我叫到外面告诉我的,出来后我看到叔叔来了,他把我带回了家。"

"当时班主任和你叔叔对你说了什么吗?"

"叔叔说:'回去看看你爸,再晚就看不到了。'"

"你当时什么感觉?"

"我脑袋里一片空白。"

"请重复你叔叔的话。"

……

"然后呢?"

"我的眼泪出来了。"

"还听到什么了吗?"

"班主任说:小明,你要坚强一点,回家要听大人的话。"

"请重复这句话。"

……

"后来呢?"我小声地继续问他。

"我跟我叔叔回家了。"

"回家后看到了什么?"

"看到家里来了很多亲戚,我爸爸躺在厅里,躺在门板上。"

"还有呢?"

"我妈妈在哭,婶婶在劝她。"

财富的灵性法则

心存恐惧的人会缺乏价值感，失去创造力，导致金钱流失。

第三章　金钱是一面镜子

"请重复。"

……

"你当时什么感觉?"我接着引导。

"我很害怕,不敢哭。"

"后来呢?"

"快到晚上的时候,爸爸被抬起来放进棺材里。按照我们那里的风俗,我夜里是要守灵的。"

"请你回到夜里守灵时的情境,当时你有什么感觉?"

"我感到很害怕。"

"嗯,我理解。除了你,当时还有别人守灵吗?"

"没有,就我一个人。"

"融入当时的情境,看看那是什么样的一个场景。"

"屋里没有电灯,只有蜡烛,外面很黑。"

"请重复。"

……

"还有呢?"

"房间里面只有一口大棺材。"

"回忆当时的情境,请你重复这句话。"

……

"能听到什么吗?"

"听到外面呜呜的风声。"

"请重复。"

……

"你感觉到了什么?"

"我感到有点害怕。"

"请重复。"

……

"身体有什么反应吗?"

"身体很紧张。"

"再重复。"

……

"然后呢?"

"我不断暗示自己不要害怕,要坚强。"

"再重复。"

……

"然后呢?"

"后来天亮了。"

"发生了什么事吗?"

"没有。"

"这件事情让你领悟到什么了?"

"我很怕死,也很怕与死亡有关的事情。这也许跟我父亲的去世有关。"

"还有吗?"

"每次害怕,我都不敢表现出来,习惯了用暗示自己的方法来压制内心的恐惧感,但心里的恐惧并没有真正消除。"

让他重新回溯了父亲去世的过程后,我继续引导他:"往更早之前去看看,有没有其他类似的事情?"

他说想到了小时候的一次意外溺水事件。

他小时候竟然经历过这么多让他恐惧的事情,依我的经验来看,越是在生命早期发生的特别事件,对当事人后来生活的影响就会越大。

"那是什么时候发生的事情?"我问他。

"六岁吧。"他说。

"在哪里呢?"

"在一条河里,我们在游泳。"

"发生了什么事?"

"我跟邻居的小孩在打水仗。"

"然后呢,发生了什么?"

"我好像突然踩空了,心里一慌,嘴里灌进了水。"

"然后呢?"

"我呛了一口水,同时在挣扎……"

"请重复。"

……

"然后呢?"

"我的脑袋里一片空白,记不清了。"

"那时你听到了什么吗?"

"隐隐地听到旁边的小孩在喊:'不好啦!小明不见了!'"

"请重复。"

……

"你当时身体感觉到了什么?"

"很紧张。河水把我淹没了,耳朵里也灌满了水……"

"请重复。"

……

"然后呢?"

"我用手拼命乱划,脚也乱蹬……"

"请重复。"

……

说这些话时,他的表情有点扭曲,身体也显得紧张起来,好像整个人都回到当时的那个突发情境里一样。

"后来呢?"

"一个大人赶过来,跳下水拉住我的手把我救了起来……"

"那是谁?"

"隔壁的李叔叔。"

"然后呢?"

"我看到自己躺在岸边,旁边围了几个大人,有人大声喊妈妈的名字,说:'你儿子出事了!'后来,我妈妈赶来了……"

"后来还发生了什么?"

"妈妈很自责,坐在我身边哭,旁边的邻居在劝她。"

"你能听到他们在说什么吗?"

"好像在说'没事就好,下次要注意'之类的话。"

"再重复你当时听到的。"

……

我引导他把整个事件重温了两遍,借助再现当时的情境,帮助他把压抑在身体里的紧张感和心里的恐惧感释放了出来。

后来,我问他从这两次经历中领悟到了什么,他说最大的领悟就是看清楚了自己恐惧的根源。因此,他再一次感觉到心里轻松了很多。

除此之外,他还明白了自己从小到大一直怕水的原因,很多次他想学游泳,都是半途而废。

他领悟到,当一个人没有办法正视自己恐惧的事物时,做很多事情都是没有自由的。我们越是想逃避些什么，或者越是想压抑些什么，反而越会加深对这些事物的恐惧。而这种恐惧感也常常会投射在自己生活中的其他事物上面，譬如工作和金钱，从而遇到阻碍。

我总共跟这个来访者沟通过五次。

最后一次沟通完后差不多一周，他打了个电话给我，说这几次沟通对他帮助很大。再后来，我在一次心灵成长课堂上又见到了他，虽然没有细问他的近况，但从他的表情和神态上看，我能肯定他在工作中一定没有那么多障碍了。

亏欠感和愧疚感的影响

还有一位男性朋友也感到自己在赚钱方面存在障碍。他跟几个合作伙伴成立了一家新公司，准备生产一种新产品。公司在融资时遇到了瓶颈，所以他担心这个项目会失败。

我先引导他进入潜意识的放松状态，然后让他回溯过去发生的事件，来探索他内心有哪些阻碍。

前些天，他和合伙人与北京的一家风险投资机构负责人一起吃饭，聊到了他们的新项目。他听出对方语气中流露出来的不屑，看出对方对新项目的评价不高，感到心里一沉。从那时起，他就对这几个合伙人和新项目的未来有所担心，信心大打折扣。

之前的一次创业经历，是他上大学的时候。他从一个做文具批发生意的亲戚那里要了一些计算器，想在自己学校的各个宿舍推销。但还没有开始，就遭到了室友的奚落，他心里顿时打了退堂鼓。结果,这些产品一个也没有卖出去,原封不动地退给了亲戚。

再往之前回溯,他想到了自己四五岁的时候与邻居家孩子一起去镇上买油条的经历,炸油条的摊主一边忙一边很大声地朝他们吼叫:"要多少根?"他被那个摊主的吼叫声给吓住了,心里很害怕。

更小的时候,他想起自己经常弄坏抽屉和东西,总会被妈妈骂一顿,说他"只会搞坏东西"。

再往更早的时候回溯,他看到一岁多的自己正躺在摇篮里面,他发烧了,陷入了半昏迷状态。当时,他很希望妈妈照顾自己、抚慰自己,但爸爸、妈妈好像都在忙,只有姥姥在身边。

我引导他回溯,他又想到了稍大几岁时发生的事。有一次,他看到妈妈打骂三姐,三姐在哭;妈妈的性子很急,好像后来也哭了。他不知道发生了什么事,只感到自己当时有点怕。

他记得小学一年级,自己在教室里上课时流鼻血,陷入了半昏迷状态。一位男老师看到了,过来抱起他掐他的人中。后来他醒了过来,但开始担心自己会不会就这样死掉。

他还想到,有一次,才几岁的他随着妈妈去赶集。妈妈给他买了甘蔗,他吃着吃着,突然发现与妈妈走散了。他找不到妈妈,看到满街都是人,心里非常害怕,于是一边哭一边问别人。当他一个人好不容易回到村子的时候,发现家里每个人都在焦急地寻找他。

再回溯,他想到了二姐。因为那时家里女孩子多,所以二姐就被爷爷送到了姑姑家里养。每年二姐都会回自己家住几天,再去姑姑家的时候表现得非常不舍,总是哭得死去活来。他也非常难过,舍不得二姐离开。有一次,二姐因为不想去姑姑家,跳了河,被村里人救了出来。他当时在家里,听到外面有人大声喊叫:"有人跳河了!"便跑出去看,发现是二姐。二姐被人救起来后浑身湿漉漉地躺在地上,爷爷在旁边大声训斥,妈妈则在一边哭泣。他心里也非常难过,每次回想到这件事,就感觉全家人都对不起二姐,他心里也有很深的亏欠感和愧疚感。

后来,虽然二姐没有再去姑姑家,一直待在自己家里,但他依然可以感觉到愧疚感的存在。从那时起,他就一直想,等自己长大后有了工作赚了钱,一定要帮助家里。他工作后借给二姐钱,帮她做生意,二姐却意外地被人骗去了很多钱。他的直觉告诉他,这跟自己心里的愧疚感有关。

……

说完了这些事,我问他从中领悟到了什么,他说他意识到了事业与财富上的不顺利,跟自己心里一直埋藏着的这么多担心害怕,尤其是对失败的恐惧有关。

他对二姐的亏欠感和愧疚感,也投射在了他与金钱和事业的关系里,他常常承担过多的责任,从某种程度上说,这也限制了他的事业发展。

这个案例,让我在关注人们的恐惧感的同时,开始更多地关注隐藏在人们内心的负面情感模式,例如亏欠感、愧疚感甚至是罪恶感等,来探索、发掘这些情感对人与金钱关系的影响。

清理财富障碍的四个问句

对于那些总感觉自己在事业和财富方面,甚至是在人生道路上有着过多挫折、障碍、艰辛的人,我经常会问他们以下四个问题:

1. 从出生到现在,有什么事情让自己感觉愧疚、自责,甚至有罪恶感?
2. 从出生到现在,做过什么自己感觉不该做的事情?
3. 从出生到现在,有什么事情是自己感觉该做却没有做的?
4. 从出生到现在,自己有没有什么一直对公众或身边的某些人隐瞒的事情?

很多人之所以存在潜在的心理障碍,往往是因为上述四个问题中的事情带给他们的感觉过于负面、沉重。一个人有难言之隐却无法向身边的人表达,就会造成心理障碍,甚至会郁积成疾。

如果他们一点点地敞开心灵,把以前不敢说的事情公开说出来,往往能够减轻心理负担甚至彻底释怀,感觉轻松很多。

有一次,一个女士来做个案。她患有严重的抑郁症,事业上遇到了阻碍,婚姻也快到尽头了。在第一次面谈后,我给她布置了一项家庭作业,就是让她回答上面的四个问题。

她说从听到第一个问题开始,心里就"感到了震撼"。

我告诉她不用急于回答我,回去之后好好想想。无论内心浮现什么画面,产生什么感受或想法,都要让自己去面对,下次咨询的时候再与我探讨。

第三章　金钱是一面镜子

第二天她打电话告诉我,她回去之后好好想了想这四个问题,感觉自己找到了事业挫败的根源。过了几天,她再次向我咨询,跟第一次来时相比就像换了一个人。

当然,这四个问题并不是在任何情况下都可以拿来提问的。当事人只有在信任你且愿意敞开自己的心扉时,才会对你坦诚相告。当我决定要用这几个问题探索来访者的内在罪疚感的时候,我会检视自己的心态。而且,在整个询问过程中,我不能把自己当作道德评判家,更不能高高在上,像审问他们一样,当事人就能够敞开心扉。

毕竟,一个人深受愧疚感和罪恶感的折磨,不一定是因为他曾经真的犯了错甚至犯了罪,可能还有更深层的原因。正如后面我们要谈到的,一个人做出了某些不可理喻的事情,内心产生了罪疚感,除了个人层面的原因,可能还有系统层面的原因。

忏悔之后,金钱流回来了!

一些个案中,在探索并清理了当事人内心对于金钱的恐惧和挂碍之后,他们的现实状况也会随之发生变化。大多数情况下,金钱会很快通过某种渠道流回来。

有一个女士找我做个案,她说最近与别人一起借钱合伙炒股,因行情下跌而欠了十多万。债主们每天打电话催债,甚至到家里讨债,并告到了法院。全家人整日为她担惊受怕,她也十分焦虑、自责。她做咨询的原因就是"实在不想再让家里人担心了"。

我引导她讲述了饱受困扰的官司后，又让她回溯过去，并询问是否有什么金钱方面的事情让她感到挂碍。她说，自己这十多年来，对金钱的态度一直都太过随意了，感觉"没有好好珍惜拥有金钱的时光"。

我问她，究竟什么事情让她产生了这样的感觉。她回答说，前些年在金融证券行业工作时，因为可以得到内部消息，加上政策宽松，利好消息多，赚钱对她而言是一件很轻松的事，她不知不觉就养成了大手大脚的习惯，花销没有节制：送礼出手阔绰，非名牌不买，随便吃一顿饭都得千元以上。她完全没有料到股市行情会大起大落，自己会因欠债而被告到法院。想起这些往事，她就后悔莫及，心痛不已。

我决定引导她，让她跟这些被挥霍了的钱进行一次沟通。在把心专注地"融入"金钱时，她非常激动。这些钱似乎对她很不满。正是对它们的处置太过随意，毫不懂得珍惜和尊重，才使得她在潜意识里希望吸取一些教训，于是"创造"出了股市行情大跌、金钱离去的事情。

她在潜意识里理解了金钱传达出来的这些"想法"时，情绪激动，最后竟泣不成声。可能是因为被人追债的压力落在自己和亲人身上，内心的愤怒、委屈和内疚一直都没能得到释放，所以这些情绪一股脑儿地跟着泪水奔涌而出。

当我问她想对这些钱表达什么时，她开始不断地道歉，好像在忏悔做了不该做的事情——这么随意地用钱。

然后，当我问金钱如果听到这些忏悔的话会怎样的时候，奇怪的事情发生了，她说这些金钱似乎也感应到了她的忏悔，愿意原谅她。

第三章　金钱是一面镜子

更奇怪的是，当我让她在光中告别这些金钱时，她竟告诉我："这些金钱都不愿再离开我，该怎么办？它们甚至还表示愿意带更多钱回到我身边。"这种情形让她一下子破涕为笑了。

刚刚她还在泣不成声、追悔莫及，现在却开怀大笑起来。这让我感到不可思议，隐隐还有点担心，怕她因此而精神失常。好在沟通结束之后，她回到了平时的状态。

做完这次沟通的半个月后，我在另一个场合遇见了她。打招呼后，她告诉我一个好消息：自从那次沟通之后，她的瑜伽馆几乎每天都爆满，前来办理会员卡和学习瑜伽的人络绎不绝，有时还要排队。现在她已经准备筹办分馆了。

看来，她的财运变好了，而且变化得很快。

还有一个男性来访者，是佛教居士，在一家房地产公司的工程部任职。他来找我是想了解这种心灵沟通对他和家人的疾病治疗有无效果。我跟他沟通后，他的顽疾鱼鳞病竟然得到了明显改善。

更不可思议的是，心灵沟通竟然间接地改善了他与妻子、女儿的关系，尽管我一次也没见过她们。

让我印象最深刻的是他对金钱忏悔的那一幕。他在公司的采购部门任职，常常会收到一些客户送的红包，这些红包成了他收入的一部分。沟通的时候，他主动说出了这一切，做了忏悔，并表示以后绝不再犯类似错误。他还决定打电话给客户，表明自己绝不再接受任何红包。除此之外他还发愿，以后要"过午不食"，坚持每月放生。

就在这次沟通快要结束的时候，他说自己脑海里浮现出一幅未来的生活景象：自己若干年后在深圳买了房，全家人住在一起，其乐融融。

当时我并没有太在意这幅未来的景象，以为只是他自己想象出来的。

他回去之后也百思不得其解，始终不明白自己在深圳如何买得起房子。用他的话说，目前全家就靠他一个人的有限收入支撑。没有了各种灰色收入，他一个月的工资只有4000元。这份收入虽然足以维持他和家人的各项日常开销，但要在深圳买房定居无异于杯水车薪。

他始终想不通自己未来买房的钱能从哪里来。于是，他又一次来到了我的工作室，请我务必再做一次沟通。看到他执着的样子，我不好推脱，就答应了。

现在回想起来，其实我心里也没想通这件事，不得不说有一点好奇心在作怪。

我引导他再次观想那幅未来买房定居的画面。

我让他"融入"这个画面，并说说买这所房子到底花了多少钱。

他说要300万左右，于是我引导他观想并"融入"这些钱。他惊讶地说："我脑海里出现了一幅有很多乌龟的画面。"

我问他这些乌龟是不是在告诉他什么讯息，他说，直觉里这300万是他每月放生的乌龟带来的。

看来那是一笔意外之财，我暗想，同时也感到不可思议。于是我耐着性子，很小心地问那些乌龟是怎样带来这300万的。他进一步理解这个讯息时，脑海中又浮现出一个画面：他手里拿着一张彩票。

原来，他看到，未来的自己因为一个偶然的机会跟着公司老总外出办事，经过一个卖彩票的地方时，老总习惯性地去买彩票，他也跟着买了一注，结果中了大奖。他缴了所得税，把尾数捐给慈善机构，最后所得正好是300万……

他说这些话时，我依然不敢相信，因为这是我第一次碰到这样不可思议的个案。若不是亲身经历，我自己断不能做出如此大胆的想象。在这个过程中，我甚至一度怀疑自己是否应该将此话题继续下去。因为这件事不仅超出了他能够理解的极限，也超出了我的认知范围。

这次沟通接近尾声时，我问他从中领悟到了什么，他说没想到坚持放生会给自己积累这么多福报。

几年过去，我没有主动联系这个来访者，也不知道他有没有中彩票。但我相信，这个世界上总会有奇迹发生。即便不是中彩票，金钱也可能从其他的渠道流向他，谁知道呢？

经历过上述两个案例后我领悟到，当一个人敞开心灵，没有挂碍和恐惧时，金钱这股能量流回来的方式常常会超乎人们的想象和意料。

一本励志书说过："一个人一生的成就，不会超出他想象的范围。"在我看来，这句话是值得商榷的，世界上的奇迹，不都发生在人们的想象之外吗？

第四章 金钱是信念运作的结果

第四章 金钱是信念运作的结果

金钱是信念运作的结果

跟金钱的多次沟通使我体会到：对于人类而言，金钱永远不是一个独立的概念，而是与家庭、情感、身体等息息相关的。

与人、事、物的关系状态会影响我们的心情，而我们也常把这种心情无意识地投射在外物上，例如金钱。因此，我们在获取财富时常常会遇到阻碍。

虽然大部分人想赚得更多，但面对金钱时又难免恐惧。因为在人的潜意识里，金钱与那些让他们感到害怕的事物、情形是联系在一起的。

潜意识与正常的观念发生冲突，就好像开车时一脚大力踩着油门，另一脚却大力踩刹车，其结果也就可想而知了。至少我的来访者们的情况就说明了这一点。

一个资深的心灵沟通工作者，经历越丰富就越能体会到，在这个世界上，内心完全没有恐惧的人确实少之又少。

从某种程度上说，恐惧是人类集体意识的一部分。在这个充满贫穷、饥饿、罪恶、战乱等，被佛教称为"娑婆"的世界里，在我们的种族意识、家族意识里，乃至每一个群体意识里面，恐惧早已根深蒂固。它不在父母长辈们那儿，就在朋友们那儿——在我们从小到大被灌输的不相信丰盛只相信匮乏的观念里。

我越来越相信，金钱的背后蕴藏着某种神秘的力量或法则。这个力量说不清道不明，就像人们常说的"灵魂"一样神秘。

很多人潜意识里对金钱的恐惧，恰恰反映了他们对金钱的理解是存在偏差的。他们对金钱的想法与恐惧感是联结在一起的，这种想法在心理学上称为限制性信念。

可以说，每一种恐惧的背后，都有某种限制性信念在作怪。它让我们觉得失去金钱或不值得拥有金钱，都是理所当然的。

我们来检视一下自己的内心深处是否坚持着对金钱的这样一些看法，例如：

· 赚钱是件不容易的事情；

· 钱总是越花越少；

· 我天生就不是赚钱的那块料；

· 钱是俗物；

· 有钱恐怕会不安全；

· 谈钱伤感情；

· 君子不应看重金钱；

……

或者，你坚持与上述看法完全相反的态度，例如：

· 赚钱是件很容易的事；

· 钱总是越花越多，或者花出去还会流回来；

· 赚钱让我有成就感，我天生喜欢赚钱；

· 钱是灵性之物；

· 有钱让我感到安全；

· 谈钱并不伤感情，没钱才会伤感情；

· 君子爱财，取之有道；

……

上述不同想法，会怎样影响我们呢？是让我们与万物联结时更有力量，还是更加软弱无力？

第四章　金钱是信念运作的结果

信念的力量可能使我们与金钱紧密联结在一起，相依相伴；也有可能导致我们与金钱无缘，即使努力拼搏多年也一无所获，或者辛苦赚了钱，却因某些意外而打了水漂。

金钱在或不在我们这里，它来了或是失去了，都是这个力量运作的结果。

万物有灵

不仅金钱有灵，身边的每一样物品都可能如此。有时候我们会遗失财物，或买了多余的物品，或弄丢了自己的心爱之物，我们总以为是偶然的。其实里面存在着必然性，很多案例说明了这一点。

有一次，一个女大学生来找我做个案，想解决人际交往中的不自信和身体疾病方面的问题。

我们进行了十个小时的心灵沟通之后，她对这些问题的认识清晰了很多，并释然了很多。沟通结束，她又问我："老师，世界上每个事物真的都有'灵魂'吗？每个事物都有自己的想法吗？"

我告诉她，就像每个人内心世界都有某些潜意识一样，每个事物也都有其独特的振动频率。而事物跟人是相通的，这或许就是所谓的"灵魂"吧。

她又问我："老师，我最近为什么常常丢失东西？"

我问："你丢失了什么？"

"手机、钱包。钱包里除了钱，还有银行卡、证件之类的。还有一次连课本也丢了。"

财富的灵性法则

金钱是一面镜子,能投射出使用者的心灵,反映他和这个世界上其他人、事、物的关系是否和谐。

第四章　金钱是信念运作的结果

她还告诉我,她在这个学期内已经接连丢失两部手机了。

她说:"老师,您能帮我个忙吗?"

我问她帮什么忙。

她说:"我想跟这些物品沟通一下,看看丢失东西真的跟我内心的想法有关吗。"

我说可以一试。我让她闭上眼睛,引导她调整呼吸,进入深层放松的状态,并观想自己在光里面。同时,我让她想象自己丢失的两部手机也在光里面。当她观想到一定程度的时候,我对她说:"你想对你的手机说些什么吗?例如,是什么原因让它们离开了你?"

于是,她按照我的引导,问她的手机:"你们为什么要离开我?"

我用缓慢的语调再次引导她说:"在光里面,请把心打开,去融入那两部手机,凭直觉感受一下,它们想对你说些什么?感应到任何画面、想法和声音,你都可以表达出来。"

她说:"手机好像在说:'因为你当时不想要我们了,所以我们离开了你,我们只是配合你的想法而已。'"

"它们说'你当时不想要我们'是什么意思?"我让她进一步理解这个讯息。

她又问她的手机:"为什么说我当时不想要你们了?"

她再次专心致志地去感受,说手机告诉她:"你那时候根本就不关注我们,不想打电话,也不想跟任何人联系。"

这时候她好像恍然大悟。

"是啊,这两部手机都是在学校里丢失的。那段时间,我心情很不好,不开心、不快乐,不想跟任何人联系,尤其不想跟当时的男朋友联系。我想跟他分手,但他总打电话给我。"

她还说:"我脑子里浮现出一次丢失手机的情景。我当时闷闷不乐地坐在学校的草坪上,随意地把手机放在身后,站起来的时候就忘了。"

我让她对手机说:"谢谢你们告诉我这些讯息。"

然后我又对她说:"现在观想你丢失的钱包,以同样的方式问:'是什么原因让你们离开我呢?'"

她很专心地观想光,用心融入钱包,好像听到她的钱包和银行卡、证件都在对她说:"因为你没有价值感,觉得自己不配拥有我们,所以我们就离开你了。"

她还有些疑惑,说:"我确实没有什么价值感,但为什么我的课本也丢失了呢?"

我让她观想在光里面的课本,问她的课本:"你们为什么也要离开我?"

课本好像在对她说:"因为你不想要我们,我们就离开你了。"

她又问:"为什么这么说呢?"

课本告诉她:"那段时间你根本就没有心思学习,不想看书,但是因为期末考试快到了,你只好硬逼着自己去看。在潜意识里你并不想看见我们。"

她明白过来,对我说:"老师,对啊对啊,太奇妙了,我那时真的就是那样。"

她说,脑海里还浮现了一个画面:上午,她带着课本去图书馆,到了中午吃饭的时间离开图书馆时,她把课本忘在那儿了,就被别人收走了。

我问她,从这次沟通中又学到了什么?

她说,原来每种东西都有它们的想法,它们跟人的潜意识是一致的,从这一点上真可以说"万物有灵"!

我们的潜意识

我们是否意外丢失过财物或者心爱之物?它们怎么就找不到了呢?这个"意外"的背后,可能就是自己的潜意识在"导演"或支配着。

一次,一个女士来找我沟通。十个小时里探讨得最多的,就是她的婚姻情感问题。

她的情况是这样的:一次,她先生的一个"女朋友"打电话给她,公然挑衅她的"地位"。她以死相逼,勉强让丈夫回心转意并承诺再也不跟其他女性联系了。但从此之后,她对先生时时戒备、处处留心,通过任何可能的方式来查看他的电话、短信,以及MSN、QQ上的所有信息。

这些行为让她先生头痛不已。尽管她先生再三保证不会跟其他女性来往,但她始终无法释怀,依然保持高度的紧张感和怀疑态度。

我跟她沟通了几次,内容几乎全是这类事情。后来,她跟我提到,近期她先生连续两部手提电脑出现意外:一次是在机场候机,登机时忘记带走而遗失了;一次是在饭桌上,一不小心把汤水洒在电脑上,结果彻底坏掉了。

说到这里,我一下子明白了电脑的"离开"并非"意外",而是她先生的潜意识"造成"了电脑的"离开",只是他没有意识到而已。

意外表象的背后藏着这些当事人潜意识里的声音："我宁愿失去它们，也不愿意某些事发生"，或"我一旦失去它们，就不用再担心某些事情的发生了"。

这些想法反映了我们潜意识里的恐惧，反映了"我担心"或"我害怕"的真实想法。

如果你也有过意外失去心爱之物的经历，不妨把这几句话放在心上，细细地品味。

不知道从何时起，或许是在接触了这些案例之后，我无论是对钱还是物品，心里都多了一份尊重和一种难以言说的感觉。

跟自己的潜意识沟通

我们与万物沟通就是在与自己的潜意识沟通，与潜意识沟通也就等于跟万物沟通。这与中国传统文化中"心物一元"或者"心物不二"的观点有点契合。

一天早上我醒来时，突然有个念头从心底冒了出来：那些来找我做个案的人，从另一个角度来说，难道不是我的潜意识让他们来教导我的吗？每个求助于我的人，都不可能绝对外在于我，他们像我的镜子一样，反映了我内在的一部分。难道不是吗？

我无法完全确认这一点，却也不能完全否定。

时间越久，我越强烈地意识到：这些来访者经历的故事和困惑，我也似曾经历过。比如那个溺水的来访者，会让我想起自己学习游泳被呛到的经历；那个小时候因偷钱买零食被父母打骂责罚的来访者，让我想起自己小时候被父母打骂的事……

于是，我问自己：既然我可以帮助别人沟通，探索他们潜

第四章　金钱是信念运作的结果

意识里的恐惧,为什么不能跟自己沟通一下,探索自己内心的恐惧呢?

即使没有外人帮助,我也可以在冥想中引导自己。

我找出时间,先静坐,让身体进入放松状态。

我从钱包里拿出所有的纸币放在手上,每一张都仔细看了看、摸了摸,触感很好。

我还是第一次这么仔细地端详纸币,仔细地感觉它们的图案和纹路,想着它们是怎么来到我这里的,也想到它们流转经过了很多人的手。一想到可能是某种因缘把它们带到我这里,内心的温暖便油然而生。我在心里说:"谢谢你们,我爱你们。"然后,我把这些纸币放在一边。

我闭上眼睛观想自己全身都在光里,这些钱也在光里。

接着我问自己:关于钱,曾经发生过什么事情让我一直在意和挂碍呢?

我自由地联想,任由脑海中浮现无论什么画面、感觉和想法。

首先出现的画面是我读大学时的一件事:我从火车站出来不久被人打劫了,虽然没有被抢去很多钱,但在逃脱的过程中眼角受了轻伤。这次经历让我产生了很大的恐惧感,我觉得整个社会都不安全,同时,也开始害怕失去财物。

这个画面又让我想到了小时候父母对我的告诫:世道很乱,出门在外要小心财物被盗……

接下来,我又想到了小时候跟着父母去菜市场的情景,他们常常为了很少的钱而与摊主们讨价还价……

我还想到一次家里被小偷光顾,父亲珍藏的银圆被偷走了……

我还想到,父母曾经说起他们经历过的"文革"年代。父亲对于出门在外时财物被偷被抢的感受特别深刻,他的话语里常常散发出种种负面信息,我们小孩子自然地对这个社会产生了恐惧、猜疑、不安全等感觉,以及对人际关系的不信任感……

这些画面让我感到有些难过。

接下来,我想到自己很小的时候有一次在父母卧室里发生的事情。当时我假装看电视,实际是想偷拿父亲衣服里面的钱,正要得手的时候被父亲撞见了。我非常心虚,害怕被责罚,为了掩饰,便失声大哭起来,父亲原谅了我。每次想到这件事,我心里就充满羞耻感,对可能的责罚充满恐惧。

还有一次,我趁表哥不注意,拿了他的几分零钱买了一根冰棍。被他发现后,他告诫我以后不准这样……为此我感到脸红和羞耻。

大学的时候,我和同学去女生宿舍,被保卫人员发现并被罚款处理,我拒不认罚,还闹得满城风雨,最后整个学校都知道了我的"事迹"。这件事带给我的影响仍然与金钱有关,联结着一种受罚的羞辱感,很长一段时间我都无法释怀。

我还想到,初中的时候,有一次没有完成作业,语文老师竟然要罚款。我痛恨这个老师的行为,在作文里骂他是"贪官"。他看到后还在课堂上为自己辩解,声称是为了我们好。我当时感觉无地自容……想到这件事我就会隐隐地感到羞愧。

我还想到父亲为了筹措我的大学学费向亲友们借债时的为难。有一次父亲抱怨他很辛苦,靠他的一点工资供我们上大学,怎么都不够。从父母身上,我感受到了向人借钱时的那种焦虑、

第四章　金钱是信念运作的结果

紧张,还有对贫穷的恐惧。

我大学毕业之后到社会上打拼,头几年总是换工作,偶尔还要靠借钱度日。一次,我向昔日的同事借钱付房租,但遭到拒绝,于是暗自决定不再跟此人交往。这件事带给我的也是被拒绝感和羞愧感。

还有我小时候最惨痛的一次经历。那是一个夏天,父母不在家,兄妹三个人为了买冰棍吃,偷拿了家里的五块钱,结果忘了要找零。父亲下班回家发现后,狠狠地揍了我们一顿,父母也因此吵了一架。这件事我是始作俑者,此后在想到钱的时候心里面就有一种深深的恐惧感、愧疚感、被责罚感……

我又问自己,还有什么事情让我感到过恐惧?

我心里浮现出了我读大学时上台演说的情景。我一向害怕在公众面前发言,一上台就差点吓得尿了裤子……

还有一次晚会,我刚上台,下面的同学就哄笑起来……

在年龄很小的时候,我们跟着大人去河里洗澡,我哥哥差点淹死,幸好被人发现,救了出来……

有一次,我在河里洗完澡后回家,路上差点滑下悬崖,吓得我整个人像灵魂出窍一般,回家不久就大病了一场……

更小的时候,我们在乡下生活,有一次我看到哥哥被狗咬伤了。父亲非常害怕哥哥会患上狂犬病,就骑上自行车带着他去很远的镇上打疫苗……

这一个个画面自动浮现出来,如放电影一般。我自己都没想到,在金钱的背后竟然联结着这么多的负面情感。这些事情历历在目,我不禁悲从中来,眼泪刷刷地往下掉,最后失声痛哭起来。

关于金钱的冥想和回溯

允许自己回溯过往的经历,我们也许会惊讶于想起的一些画面、一些情景,也许我们早已忘记发生过这些事情了。但我们最好允许它们都浮现出来,然后感谢它们,最后放下它们。

我知道,如果在冥想中收到任何负面的反馈,我要做的就是:感谢潜意识传递给我的这些画面、声音、感觉或障碍,这等于给了我一个机会去释放它们。任何负面讯息浮现出来,都是潜意识给我们机会放下它们。

你也可以这么做。就当是看了一次电影,看看这部你自己担任主演的电影里,有没有因为金钱而被人伤害、被人欺骗、被人打劫的经历。

有过因为金钱而跟某人的关系变得冷淡、互相猜疑等不愉快的经历吗?

有过因为金钱而被父母、老师惩罚的经历吗?

或者反过来,你有过因为金钱而伤害别人、欺骗别人、打劫别人的经历吗?

看到过或听到过自己的父母或其他亲人因为金钱而跟他人计较、吵架,甚至产生仇恨吗?

有过通过不正当的途径获得金钱,而让自己的内心不安、心怀愧疚或羞耻感的经历吗?

……

如果有的话,想想这些事情带给你的影响是什么,你对金钱的感觉是什么,对金钱的想法又是什么。

第四章 金钱是信念运作的结果

关于金钱，你的父母告诉过你什么？

你有过被你的父母、其他亲人或朋友谆谆告诫说，世道很乱，要小心，不要被人骗了钱的经历吗？

当他们这么告诫你的时候，向你潜意识里灌输的讯息是什么呢？这个世界是不安全的，有钱人是不安全的，对吗？

关于金钱，你的师长们、朋友们会给你灌输什么观念呢？

别人灌输给你的关于金钱的观念，你都认可吗？

你还可以回溯一下自己感受到恐惧的经历，就当接受一次挑战、看一场恐怖电影……

回溯了这些事情之后，我们还可以跟潜意识沟通一下，看看潜意识通过这些经历要告诉我们什么。

听听看，是否会听到声音或字句。无论你感觉到了什么声音，都允许这些声音发出来，并信任这些声音。让自己试着对这些声音说："是的，我同意。"

后来，我自己花了很多时间，做过很多次如同看电影一样的回溯、冥想。每次冥想之后，我都对金钱说："谢谢你，我爱你。"

这就像财富版的《与神对话》，跟主人公在书里面与"神"对话时的情形一样，而我们的潜意识不也是"神"吗？

财富的灵性法则

内心的负面情感，会影响我们与金钱的关系，限制我们在事业上的发展。

第四章　金钱是信念运作的结果

一个人内在丰足，钱就会不请自来

在那次关于金钱的冥想和回溯之后，我问自己的潜意识："这些经历是要我学习什么呢？为什么我要经历这些？"

心里立刻冒出个声音："这既是你的功课，也是你的财富。"

我自嘲地说，这算是哪门子的财富，我为什么要学这些该死的功课呢？

心里那个声音说："你不是想帮助更多的人吗？你不是想帮助父母吗？如果你没有体验过他们的痛苦，又怎么能帮助他们呢？是谁更需要帮助？是你自己，是你父母，还是别人？"

是啊，我的功课是什么？我为什么要帮助更多的人？难道不就是为了帮助我的父母吗？为什么我要去怨恨那些没有帮助过我的人，或者那些带给我功课的人？

我又问："可我要怎么做才能放下对那些人的怨恨呢？"

那个声音说："去理解他们。他们那时也正体验着心灵匮乏，心灵匮乏的人是没有办法给予别人帮助的。"

我问："那我该如何走出匮乏呢？"

那个声音说："只有经历过匮乏和贫穷，才知道什么是富足。放下对匮乏者的怨恨，你就会自然地体验到丰盛了。因为一个人越是怨恨什么，他就越会成为什么；越是恐惧什么，就越吸引什么；越是逃避什么，就越会创造什么；越是排斥什么，就越会体验到什么。"

我又问："我怎么才能变得有钱呢？"

那个声音说："一个人内在丰足，钱就会不请自来。"

我观想到那些曾让我感到痛苦的钱，就对潜意识说："它们什么时候才会回来呢？"

那个声音冒出来："它们一直都在宇宙中，从来就没有离开过你啊！"

我问："是吗？那在我的账户上怎么没有看到它们呢？"

那个声音："对啊，因为你没有'看到'，它们就不在那里。当你'看到'的时候，它们就在那里了。"

我恍然大悟。当你内心真的准备好接受它们了，它们就会出现。就像一句谚语说的那样：当学生准备好了，老师就会出现。

心里这么进行着对话，我虽然闭着眼睛，但不知不觉间眼前已是光亮一片，我心里观想到的金钱和所有的画面也变得格外光亮起来。

说来也奇怪，这次像放电影一样的冥想，让我回顾了过往所有跟金钱有关、让我纠结的事情，我哭了一通，想通了很多事，心里面感到释怀了很多，也轻松了很多。

金钱让我看到了自己的恐惧，还让我看到这么多年以来，有这么多的关系中的纠结需到化解。

金钱是一种关系，也是人与人之间的关系的一面镜子，它能反映你和这个世界上其他人、事、物的关系是否和谐。

毕竟，如果你跟这个世界的关系是和谐的，那么你就会有更多为他人创造价值的机会；如果你跟这个世界上其他人的关系很糟糕，那么你也根本不会想着为这个世界创造价值了。

第五章 金钱是一种关系

什么是系统？什么是系统排列？

每个人都不是孤立的个体，而是生活在不同系统中的。当你跟任何人、事、物有所联系的时候，你就已经与它成为一个系统了。因此，一个人在健康、事业、财富、情感关系等方面遇到问题，都可以在其家庭系统或其他组织系统中找到原因及解决之道。

系统排列是德国心理学家海灵格发展出来的心理治疗方法，包括家庭系统排列和组织系统排列。它用一些人作为来访者家庭或系统成员的代表，根据这些代表的反应与排列方式，找出问题的根源和解决方法。

海灵格认为宇宙间有一个隐藏的规律，这规律不但及于万物，也运作在人类家族系统内，海灵格称之为"爱的序位"。生命不和谐、家庭纠纷、夫妻失和、心灵困境、感情挫折、肉体上的痛苦和疾病、事业失败等问题的发生皆非偶然，常常是违反规律所致。许多伤害甚至会重复发生，从上一代延续到下一代。

海灵格有一个深刻的洞见：爱跟秩序的冲突是所有悲剧的开始和终结！这句话总结了家庭系统排列的核心，就是"爱"的研究。

在研究家庭超过 50 年后，海灵格发现，发生在人身上的种种问题——焦虑、抑郁、愤怒、罪疚感、孤独感、酗酒、吸毒、病态赌博、犯罪、自杀、青少年问题、伴侣关系紧张、亲子关系不和甚至身体疾病等——的背后，存在一个重要的原因，就是我们很多人承接了家庭上一代甚至上几代的"问题模式"、遭遇或命运,用共同受苦、共同负罪的方式,暗地里表达对家庭的忠诚。这些是爱的表现,同时是"盲目的爱"。盲目的爱,或称"隐藏的忠诚",令我们不断复制家族中先人的问题模式,被过去所"纠缠",导致无法把握当下、快乐地生活。

通过观察,海灵格还发现了家庭中的一些自然法则,不管我们是否意识到,它们都会客观地影响我们,他称为"爱的秩序"。它们有三大动力:整体性(联结)、平衡、次序。

家庭系统排列,是把家庭里隐藏的紧张情绪、冲突和重要的关系影响呈现出来。系统排列导师针对这些动力顺势而为,找到解决办法。在形式、过程、效果的各个方面,家庭系统排列都有出人意料的表现。家庭系统排列的工作重点,是将这些问题背后"盲目的爱"呈现出来;然后,打破这些潜意识中自动化的"纠缠"模式,转化成"觉悟的爱",建设性地创造属于自己的生活。透过家族系统排列,生命中的智慧以一种亲眼可见、亲身体会的方式呈现出来,并帮助我们找出问题的根源与解决方法,让我们以成熟的方式调整自己的生活,在生命旅途中快乐成长。

家庭系统排列治疗常以工作坊的方式进行。在一个团体里面,系统排列治疗师为了帮助某个成员,探索他的问题,可以邀请其他成员来扮演这个成员及其家庭成员,这叫"做代表"。治疗师通过观察做代表的这些人在"排列场"里的反应和移动,找出问题的根源和解决之道。代表们所扮演的家庭成员通常是父亲、母亲或某个兄弟姐妹,有时候也可以是金钱、疾病、工作等非人物的角色。

被治疗者的家庭成员不需要出席,被治疗者就可以同时看到自己和其他家庭成员的情况。但是,兄弟姐妹、伴侣或父母子女一起参与,对每个人来说都可能成为一次特别的经历。

系统排列背后蕴含着复杂的心理学原理,下面的案例我仅仅简单记录过程,不用心理学术语来做复杂的理论分析,而将重点放在来访者与金钱关系的剖析上。

若想深入了解海灵格的心理学理论及其治疗方法,请阅读他的学术专著。

金钱喜欢与父母关系好的人

随着个案经验的增多,我更清晰地领悟到,我们与父母的关系往往是一切关系的源头。我们在这个世界上与他人的关系怎么样,看看自己与家人尤其是父母的关系怎么样就明白了。我在学习了海灵格发展出来的家族系统排列治疗方法之后,对此更是有了深刻的体会。很多案例告诉我,金钱喜欢那些与父母关系好的人。

海灵格直言不讳地说:"金钱长着一副母亲的面孔。"

家族系统排列方法的奇特之处在于,做代表的人事先并不需要知道自己所扮演角色的具体情况,只需要放空自己,凭着身体的直觉,就能感应到他所代表的角色的感觉或想法,就好像有一根"天线"或者"管道",能接收到不属于他本人的一些讯息。在这一刻,他好像完全成了别人。

这种系统排列方法,可以把我们平时意识不到的藏在潜意识中的关系模式很直观地呈现出来,转化为显意识状态(表面意识)。

譬如,你想探索自己与金钱的关系,治疗师可以找某个人来代表金钱,再找某个人代表你本人。观察这两个代表面对面站在场上时的一些身体反应和互动,我们就可以看出你与金钱的关系状况。

当然,仅仅看到你与金钱的关系有问题,还不足以说明什么,更重要的是还可以在系统排列过程中加入更多的角色代表,来探索你与金钱的关系问题背后的根源。

在一次用系统排列方法进行团体咨询时,一位女性想要探索她与金钱的关系。我找了一个人代表她,又找了一个人代表金钱。她的代表看着金钱的代表却不敢接近。过了一会儿,她的代表转过身,向很远的地方看去。金钱的代表则感觉身体往下沉,他走到墙边,慢慢靠在墙壁上,然后瘫坐下来,发出了粗重的喘息声。

我问这个来访者:"金钱的代表的这些反应,有没有让你想到你家族里的哪个人呢?"

她感受了一下对我说,这个金钱的代表的反应很像她的母亲。

后来我又找了两个人代表她的父母,她母亲的代表的一些移动跟之前金钱的代表的移动确实很相似。

显然,她跟金钱的关系反映了她跟母亲的关系里有很多的纠结,并且影响到了她在事业中跟金钱的联结。

当然,在后来的排列里,我们试着帮助她化解跟母亲之间存在的一些纠结。她表达了对母亲的尊重和理解之后,场上金钱的代表身上也相应地发生了某些改变,"金钱"变得更愿意靠近当事人的代表,当事人的代表也能微笑着张开双臂来拥抱"金钱"了。

金钱损失与父母早逝

有一个叫小晴的人曾参加我的系统排列工作坊,她说她想探索自己与金钱的关系。她这几年做生意都不是很顺利,每次快要赚到钱的时候,总会莫名其妙地发生一些倒霉事让她亏钱。很蹊跷的是,她的两个哥哥做生意时也有跟她类似的情形。所以,借助家族系统排列帮她找到症结不失为一种值得一试的方法。

我了解到,她的父母亲都在她很小的时候就因病去世了。

于是,我为她设立了一个两个人的排列:她自己和"父母的死亡"的代表。她看着"父母的死亡",反应很明显:站立不稳和后退。在这位"父母的死亡"的代表后面我又加入了她父母的代表,她表现得很犹豫,想靠近父母的代表,但还是后退了几步。

过了一会儿,我加入了金钱的代表,刚开始她不怎么敢看他。金钱的代表站上场,跟着感觉自发移动到"父母的死亡"的代表右侧,靠得很近,然后就一直站在那儿。她看着金钱的代表和"父母的死亡"的代表,一步也无法靠近。

我理解金钱的代表为什么会跟"父母的死亡"的代表站在一起,而她无法靠近金钱的代表的原因是她既想要靠近父母的代表,又害怕到那里去,潜意识里是害怕重复父母的命运。她对父母的那种感觉转移到了金钱上面,就变成了一种既想靠近而又害怕靠近的心态,最终让她失去了金钱。她对待金钱与对待自己早逝的父母的态度是一样的,而金钱与父母的死亡无形中有所联结,她怎么可能不受到阻碍呢?

我建议她看着隔在她和父母中间的"父母的死亡"的代表说:"我尊重你的存在。"并让她向"父母的死亡"的代表表示臣服,做出深深鞠躬的动作。她做了动作之后,"父母的死亡"的代表仍然一动不动地站在原处,只是看着她。但说来奇怪,金钱的代表竟然自发向她所在的位置移动了一小步。但当她将注意力转向金钱的代表的时候,对方又止步停下了。金钱的代表反馈说:"当来访者尊敬那个'父母的死亡'的代表的时候,我才愿意靠近她;而当她想直接来找我的时候,我反而不想靠近她了。"

小晴也领悟到了这一点。

我没有再继续往下进行,就把排列停在了那里。

这个排列过程中的移动已经反映了一些重要的讯息,那就是这个来访者必须学会尊重并接受父母的死亡,才能克服内心的恐惧,跟早逝的父母和金钱建立一份好的联结。无视这一点,她跟金钱的关系就会受到阻碍。

财富障碍与家里被排除的人

章洁是一名普通的营销员,她感到自己对赚钱有一些心理障碍,尤其是在签单的时候,她不太敢跟客户提与钱相关的事情。在一次工作坊中,她想探索这个议题。

我让一个人代表金钱,让她自己也站上来。她站在金钱的代表的对面,却不敢直视、面对,而是后退了几步。

我又把她的父母排列出来。父母的代表移动到金钱的代表那里,想把金钱的代表拉向她身边,但她自己仍然显得退缩和恐惧。

我了解到,她的父母在生下她之后有过两个被堕掉的双胞胎弟弟。我排列出两个人来代表这两个双胞胎弟弟,这时金钱的代表移动到了这两个人背后的位置。父母的代表看着这两个弟弟的代表感到很沉重,但过了一会儿,他们还是自发地移动到两个弟弟的代表那里,并拥抱了这两个弟弟。

这时候来访者看着他们拥抱,感到放松了很多,不像开始时那么紧张害怕了。又过了一会儿,父亲的代表牵着这两个弟弟的代表来到来访者身边。

我建议她对这两个被堕掉的弟弟的代表说:"现在我看到你们了,你们是我的弟弟,我是你们的姐姐。我的心里面有你们的位置,我知道你们在还没出生的时候就离开了,我会尊重你们的命运。你们为这个家族承受了很多苦,也许有一天我也会到你们那里。但是在我活着的时候,我会做一些好事来纪念你们,如果可以的话也请你们祝福我。"

当她说完这些话的时候,那两个双胞胎弟弟的代表也点了点头。他们一家人自发地靠近彼此,拥抱在了一起,也把金钱的代表拥了过来。这时,金钱的代表说他感到很温暖、很开心。

小凯在一次探索事业与金钱主题的系统排列工作坊中,想要探索自己工作赚钱比较辛苦的问题。他说自己工作很努力,但比起同事来,总觉得自己付出的很多,得到的回报却不多,经济状况一直不是很理想。

我找了一个人代表金钱，另外找了一个人代表他本人。

他的代表一直看着金钱的代表，似乎很渴望它。金钱的代表看起来也非常高兴，伸出手，似乎在欢迎他走过来。但他的代表却不能移动，仿佛脚下被钉子钉住了一样。过了一会儿，他的代表又将眼睛看向地面，金钱的代表显得有些失望，也转身看向别的地方。

我问小凯："你感觉你的代表在看谁呢？"在做系统排列的时候，代表看向地面，通常意味着地上有一个已经离世的人。所以我这句话等于是在问他："你原生家庭里面有谁离开了？"

他说他想到了他的二爷爷，也就是他爷爷的亲弟弟。二爷爷在解放前出去当兵，后来一直杳无音讯，再也没有跟家里人联系过，家里人也找不到他。

我找了个人躺着地上，代表他二爷爷。小凯的代表对这个人表现出很深的爱，而小凯本人也很受触动。我带小凯来到躺在地上的二爷爷的代表面前，把他本人的代表替换下来。

我让他对着二爷爷的代表把自己内心的爱表达出来："你是我的二爷爷，我不知道你在哪里、发生了什么事，但我心里始终记得你。"

这时候，躺在地上的二爷爷的代表自发地回应说："谢谢你记得我，这是我的命运。"小凯跪下来，握住二爷爷的代表的手，说："我尊重你的命运。我爱你。"

二爷爷的代表说："请你好好活下去，祝福你。"然后，他自发地闭上了眼睛。

过了一会儿，小凯站了起来。当他再次面对着金钱的代表时，终于能够走近金钱的代表的身边，金钱的代表也很高兴。

第五章 金钱是一种关系

胡薇和先生几年前创办了一家电子公司，一开始经营得还不错，但最近两年业绩下滑，很多应收账款难以收回，背上了不少债务。公司几乎每天都有来催账的人，她感觉压力剧增。一天，她来到我的系统排列工作坊，想探寻企业负债问题的解决之道。

我找了两个人代表她和她先生，另外找了一个人代表她的企业。她的代表看着先生的代表，眼神中含有明显的愤怒。先生的代表则看向另外一个方向，神情有些漠然。过了一会儿，她的代表把注意力转向地面。

企业的代表在远离他们两个的位置上站着，她的代表和先生的代表都没有把注意力真正放在这个企业上面。而且从排列上来看，他们作为伴侣的关系也不是很好。

我又加入了金钱的代表，金钱的代表跟随她的感觉在移动，后退着远离他们，离得很远。

我问她有没有孩子，她开始说没有，在我提醒后说有过两次流产。

我找了两个人坐在地板上，代表这两个被堕掉的孩子。奇怪的是，这时金钱的代表也随着坐在了他们的身边……

这个排列显示出，堕胎对父母的伴侣关系及其事业经营是有影响的。

上面的几个案例都反映出，家族系统里因为各种原因而被排除在外的成员对家族其他成员的财富和命运有着无形的影响或作用，这种影响被称为"牵连"。

财富的灵性法则

> 金钱不是一个独立的概念，而是与家庭、情感、身体等息息相关的。

第五章 金钱是一种关系

"出来混,迟早是要还的!"

通过上述这些案例,我们能发现金钱具有灵性的一面,它的代表就跟人一样,其反应和移动常常如有灵魂,对于公平、正义也有着敏锐的感觉。

从表面上看,很多企业家会因为令人难以置信的错误决定而损失大笔财富,但实质上这是金钱的"灵魂"运作的结果。

海灵格认为,所谓金钱的"灵魂",是指金钱常常会与我们的心灵相呼应,而我们的灵魂常常能知道、感觉到哪些东西该留下或该失去。

在人与人构成的各个系统里,无论是家庭还是企业,系统的序位平衡法则都具有重要的意义。系统里的序位法则常常是隐藏的,作为集体潜意识的一部分,它对系统中的每个人都有影响。

有一次我在外地授课,有个女士来找我做咨询。她从父亲那里接手一家餐馆,尽管付出了很大努力,也投入了很多资金进行促销,其经营方式并不比周围其他餐馆逊色,但生意仍然毫无起色。

在深入询问其家族情况的时候,我才发现了这家餐馆的一些幕后背景:原来她父亲早年混迹于黑社会,同时经营着一些生意。他手下的很多弟兄经常在外面打打杀杀,给他带来收益的同时也带来了不少麻烦。后来,他决定"退隐江湖",变卖了原来的产业,遣散了手下的弟兄,只给女儿留下了这家餐馆。

听到这些情况,我顿时理解了这个女士经营得如此辛苦却不见成效的原因：她尽管满脑子想的都是要赚钱盈利，但潜意识却是"我要为父亲赎罪"。她的餐馆经营得不成功，也是为了满足更大的家族系统中某种潜在的平衡需要，通过失去金钱，暗地里来平衡父亲的那部分不当获益。

我记得一本书里记载着国外的一个类似案例：德国有一家很大的家族企业，在第一、第二代人的手里都经营得不错。到第三代的时候，这家企业被分为三个子公司，分别被三个孙子继承。不知何故，最小的孙子继承的子公司不管怎么改进都不景气，难以为继，影响到整个家族企业的运转。这家企业在濒临破产之际，向知名的咨询机构讨教起死回生之策。咨询机构有人熟悉系统排列的原理，他们通过了解这家企业的历史，发现了它更深层的背景。

原来，这家企业原本是由一名犹太人创办并经营的。第二次世界大战期间，这名犹太人被迫带着全家逃离德国，不知所终，其企业被这个家族的第一代以极其低廉的价格从政府手里收购过来。虽然一直努力经营，但到了第三代还是遇到了瓶颈。因为他们能够拥有、经营这家企业，完全是建立在早年犹太人失去家产的基础之上，所以这个家族的成员里总会有人受到犹太人命运的影响，无形中付出一定的代价，来平衡这种得失。在系统排列中，第三家子公司代表的移动，反映了他一直在重复这家企业的犹太人创办者的悲剧命运。只要这名犹太人的地位和他的损失在企业系统里面没有得到应有的承认和尊重，后来的经营者们就会因此付出代价。

金钱的失去和获得，有时候会向我们表明其所在家族或企业系统是否失序，某个成员得到金钱的同时，其他成员却可能付出代价。究其原因,金钱的到来往往是建立在对别人的利益有所损害或对别人的付出有所不公的基础之上的。

系统的平衡法则有时候还表现在,企业里面发生的重要事件可能使企业主的家族系统受到巨大影响。反过来也一样,企业主家族系统发生的重要事件也可能牵连到企业主的事业系统。

借用电影《无间道》里一个黑帮老大的话说:"出来混,迟早都是要还的。"当企业主通过不正当的途径,例如垄断、行贿、损害消费者利益等方式获得大量利润或巨额财富时,其家庭系统中经常会有别的成员无意识地承接这方面的影响,并为此付出沉重代价,而这个企业迟早也会受到损害。

社会上流传着"富不过三代"的说法,很多家族企业甚至"富不过二代""富不过一代",这也会让我们对金钱的系统平衡法则有更多更深入的思考。

给富豪大亨们讲课

有一天,一家证券公司的培训部经理打来电话,说他对我做的跟金钱沟通的案例和金钱所传达的讯息很感兴趣,觉得这对他们行业中投资炒股的人具有一定意义,尤其是与投资期货和股票有关的案例,所以想邀请我给他们投资实战训练营的学员们讲一堂课。

学员们都是有着千万身家的人,还有一些亿万级富豪。他们住在一个简陋的培训基地招待所里,跟老师们学习投资炒股的方法技巧已经好几天了。他们每天早起早睡,被要求像军人一样服从"组织纪律",进行户外拓展训练,要在大食堂里排队吃大锅饭。

我跟他们分享了我做沟通的个案经验，以及与金钱沟通后得到的讯息。我还告诉他们，我怎么帮助来访者清理其内心对于金钱的恐惧，为什么金钱是一种有情感的物质，以及为什么金钱是一面镜子，它如何反映我们跟世界上其他人的关系，等等。富豪们个个都听得非常入神，反响之强烈出人意料，提问也非常踊跃。

我还将系统排列的方法给他们做了演示，教他们如何做代表扮演角色，并通过代表的反应来观察每个人跟金钱的关系，他们也都兴致勃勃地参与其中。

从他们的排列里，我看到了与金钱关系良好的一些人所呈现出来的情形，与以往我见到的与金钱关系不好的来访者所呈现出来的情形完全不同。

在与金钱关系良好的人的排列里，金钱的代表和当事人的代表在移动中常常表现为非常愿意彼此靠近，能够面对面地注视、微笑，并愿意拥抱对方。即便金钱的代表有几次没有直接看着对方，也往往靠得很近，不会离得太远。这在某种程度上反映了与金钱关系良好的人的内心的确与众不同。

我们的潜意识无处不在

系统排列让我看到了与金钱关系良好的人的内心是怎样的一幅画面，与金钱关系有阻碍的人的内心又是怎样的一幅画面。

因此，系统排列也就成了我跟潜意识沟通的另一种方法。

这种方法直指我们潜意识的更深层面——集体潜意识。它

第五章　金钱是一种关系

能直观地呈现我们关系中的纠结之处，让我们看清楚自己内心深层的恐惧和障碍。

有时候，我会碰到一些人，他们早年经历的创伤性事件或恐惧事件过于强烈，导致内心冲突、阻碍过多，常用的以回溯过去事件为主的心灵沟通法就无法顺利地帮助他们。

一方面，他们已经发展出了无意识的阻抗，即习惯性的逃避模式或防御机制，表现是过于理性的思考、抽离自己的感受等；另一方面，这也是潜意识的某种自我保护，以免让自己再次感受到早期的那些伤害。

换句话说，他们习惯性地封闭自己的内心已经太久了，屏蔽了自己的一部分感觉能力。因为无法有太多的感受，他们也不能通过回溯过往发生的事件来释放恐惧、清理障碍，更不能放松自己来融入金钱并理解金钱的想法。

在这种情况下，系统排列就成了帮助他们看清楚自己的恐惧的最合适方式。

我们的潜意识无处不在、无时不在。这说明，有时候我们并不一定需要对抗当事人内心强大的防御机制，更不是非得通过催眠下达暗示的方式才能与之沟通。因为潜意识就是这么清晰地反映在当下发生的每一件事情上，反映在当下你所看到的、你所听到的、你的身体所触到的甚至鼻子所闻到的、舌头所尝到的一切事物上面，就如自然界的风和水一样。

潜意识反映在我们的所思所想上面，也反映在我们所感受到的情绪上面，还反映在我们的一言一行上面。当然，它也反映在我们身体中的每一个细胞结构里面。国外一些专家的研究表明，我们身体中的细胞是有记忆的。

我们的潜意识还反映在与我们有关系的他人身上，例如我们的孩子、伴侣、父母乃至家族的每个成员身上。

这就是海灵格大师所说的"灵魂"的实质，它帮助我们联结家族，也联结万物。他把系统排列工作称为"灵魂的移动"，他在《心灵活泉》一书里说："灵魂不单只是身体的延伸，更会延伸到家庭之内，使我们联结了家庭成员和亲族。正如灵魂与身体在一定界限内达成一致，灵魂也在一定的界限内与家庭达成一致，并引导着家庭。"

思索他的这些话语，我领悟到，金钱与人类情感是有所联结的，也是人类这个更大整体的灵魂的一部分。

"金钱本身就是有灵性的！"

在古老的宗教文化观念里，金钱常常被视为灵性的对立面而存在着，也被很多宗教排除在灵性的范围之外。其原因或许在于金钱总是被看成世界上最世俗的物质，而宗教则一直居于人类精神价值层面的最顶端。

有一次，一个著名佛教法师公开宣扬"金钱是不好的东西"，说繁体"錢"字的结构是"金"字加两个"戈"字，金钱自古以来就是一种"杀人的利器"。言下之意就是：要不是因为钱，人类就不会有那么多的纷争、战乱。

这不但是对古代汉字的一种文化误读，也在某种程度上反映了人类对金钱的成见。在不同的文化圈里，都存在着对金钱的排斥与矛盾心理。我就碰到过很多学佛的朋友，他们对金钱也抱持着诸多限制性信念。这样做的结果就是既不能充实喜悦

第五章 金钱是一种关系

地享受世间生活,又不能完全放下对金钱、财富的执着而获得觉悟,从而变得既拿不起也放不下,陷入了害怕拥有金钱的"匮乏的灵性"的状态里。

海灵格对金钱另有一番洞见,他既不贬低金钱,也不会把金钱与灵性视为对立的两端。他认为金钱是为生命服务的,因而它本身就是具有灵性的。这一点让我深受触动。

海灵格大师早年曾做过几十年的神父,他认为西方的宗教领域对金钱也存在一些普遍的误读。例如,基督教有一个奇怪的观点是:穷人受到祝福。有些基督徒们甚至认为,当他们穷困的时候,他们就取悦了上帝。而海灵格认为,穷困的人只有在变得富有的时候,上帝才会感到高兴。穷人之所以会穷困,是因为他们蔑视金钱的神圣。当金钱以服务生命的用途被花费时,它就在上帝的服务之中,并被奉献给了上帝。

在海灵格看来,金钱还是一种"精神物质"。在我的理解中,金钱作为"精神物质",是有别于被视为纯粹物质性的东西的。这意味着在物质的背后,金钱还承载着某些特定的信念。

在一个系统排列工作坊里,海灵格为一个企业家做个案。这个人的企业里存在着员工流失率高的问题。排列显示当事人的代表并未认真看着他的企业,也未看着金钱,却把头抬得高高的,一直向上看着天花板,似乎在寻找什么。

海灵格问他:你在找什么呢?他自己似乎也不知道。

海灵格又问他:你平时是不是喜欢追求灵性的生活?他说是的。

原来,这个老板喜欢追求"开悟",四处寻找修行的方法,但他忽视了企业里的重要事情,也亏待了一些员工。在他的企业里，金钱就如他的母亲，一直在帮助着他，他却把金钱排除在他所追求的灵性之外。

在咨询结束之后，大师很幽默地对他说："你知道吗？金钱本身就是有灵性的，它是在为生命服务。现在你有所开悟了吗？"

第六章 向内心寻找答案

第六章　向内心寻找答案

外境即是内心

原来，我们的内心世界和外在显化的环境、遭遇的事件，并不是绝对分开的两个世界，它们并不是毫无关联的。

记得有个女士从外地来找我做个案，我们第一次沟通刚刚进行几分钟，楼上就突然传来了一阵阵装修房屋所产生的巨大噪音——十分尖锐而刺耳的电钻打孔的声音，还有用锤子使劲敲打墙面的声音，以至于我们的谈话再也难以专注地继续下去，我们只好停了下来。

我有一种隐约而敏锐的直觉，那就是这个女士的内心有很多的恐惧和挂碍，此刻完全呈现在周边环境里，显化在这些噪声里。

恐惧和担心的事情太多，它们就会演变成沟通过程中所遇到的任何可能的实际障碍。

好在我及时觉察到了这一点，没有因此而放弃这次沟通的机会，也没有要求楼上停工，反而顺应环境给我的这个"提示"，让这次咨询有了更清晰的发展方向。

我对她说："干扰这么严重，但它只是反映了我们内心通往解决问题的道路上有一定的阻碍罢了。我们不妨把这些敲敲打打的声音看成善意的提醒，那就是一个好的讯息。"

她很有悟性，也默认了这一点。

鉴于她对我的信任，我很直接地问了她一个问题："从小到大，有什么事情是你觉得自己特别不该做而做了的？如果想到的话，就讲给我听。"

于是，这个女士不顾楼上传来的敲打声诉说起来。似乎有很多事情憋在心里很久了，她把从小到大一直挂碍在心里却又不敢告人的事毫无隐瞒地对我说了出来。

即便有很多事情让她感到羞耻，甚至是有罪恶感，她也还是勇敢地说了出来。我没有评论她的不是，反而在心里赞赏她直面内心的勇气。

说来也奇怪，大约一个小时之后，就在她快要讲完所有该讲的事情时，楼上装修敲打的声音也正好停了下来。

她还说："我为自己过去所做的一切感到忏悔，说出来之后我心里感觉舒服了很多。"

我告诉她："看来，楼上传来的干扰声其实也就是你当下内心的投射。一方面，这似乎反映了你内心想要把一些东西表达出来，但有很多的阻碍；另一方面，这又似乎是在提醒你、催促你要直面自己内心的障碍，多少有点'敲打'你的味道。我们今天应该感谢这些声音，而不是为此烦恼。"

她点头表示同意，还说她来到我这里之后，感到我这个人"很有加持力"。

我笑了笑说："其实是你自己加持了自己。"

我很赞赏她敢于直面自己的勇气，一个人有勇气敞开自己的心灵，还有什么比这更大的"加持"呢？

从这次的沟通经验中我还领悟到：外境即内心，当下所发生的一切都是我们内心最真实的反映。

对我们的潜意识而言，是没有意外或偶然这回事的，也没有绝对的外在客观因素这回事。

第六章 向内心寻找答案

聆听心灵深处的声音

现代人对外在的风水、景观和环境投入了越来越多的关注，在这些方面的改造或物质投入也非常之大。可是，很少有人了解，外在的一切其实都是我们内在潜意识的呈现罢了。

我的个案沟通经验告诉我，再也没有比我们的内在思想更重要的"风水"了。

有一次，一个女士来找我沟通，向我反映说她最近一直失眠。困扰她的不仅是她跟先生的感情问题，她所居住的小区环境也好像跟她敌对一般，外面不远的建筑工地几乎每天晚上都在紧张施工，不断传来嘈杂刺耳的水泥搅拌机的轰鸣声，还有切割机切割石块的声音。直到很晚这些声音才能慢慢平息。这些都让她很难睡得着。

她深受困扰，但让她觉得奇怪的是，她的邻居们似乎并不像她那样为这些事耿耿于怀。

我了解了她的事情后，凭自己的经验和直觉回应她说："估计是你自己内心挂碍的事情太多了，它们才会以这样的方式呈现出来。依我的经验看，外在的境况无非是我们内心的投射。你是不是很怨恨这些声音啊？"

她说是。我建议说："你不仅不要怨恨这些声音，还要感谢才对。"

听到我这么说，她一脸迷惑的样子，思考了良久才说："你是说其他人的心中没有像我这么多的挂碍，即使听到这些声音，还是能睡得着，而我睡不着是因为我内心有很大障碍吗？"

我说:"是啊。你越恨这个声音,你的对抗意识就越强烈,你就越睡不着。你可以试着接受这些声音,把它们看成对自己的敲打和提醒,甚至去感谢这些声音。事实也可能就是这样,因为这些声音不过是在敲打你,反映了你此刻正需要清理内心的障碍。我相信你通过沟通并清理了挂碍之后,一定会睡得很好,即使这些声音仍然存在。"

她听我这么说了之后,仍有点半信半疑的样子。我建议她下次听到水泥搅拌机发出声响的时候,不妨想象它正在搬运自己内心的各种障碍物,内心里的所有挂碍正一点一点地离开自己的身体。几次沟通之后,她很高兴地反馈说,她基本改善了睡眠状况。

我还记得,有一次一个人在网上问我:"我每天晚上都做梦,能不能治愈啊?"

我反问她:"做梦有什么问题呢?"

"白天累,时间长了记忆力有问题。"她又问:"我该怎样治呢?"

我说:"跟你的心灵去沟通吧,我怎么会知道你为什么会有'白天累'的现象?"

她问:"做沟通要多久才能找到答案?"

我说:"自己的心灵能知道的事情,为什么老问别人呢?"

她说:"心灵是知道,但我不知道呀。"

我说:"我也不知道,我只能帮助你和你的心灵沟通。"

这一段对话看似奇怪,却很好地解答了什么是心灵的沟通。

人们对自己心灵深处的声音常常听而不闻、视而不见,反而滥用自己的意志去盲目改造外在的"风水",结果总是事倍功半。原因就在于我们把"风水"改造当成了一种逃避内心恐惧的方法。其实,恐惧一直就在那里,不会凭空消失,而会不断幻化成不同面貌的事物呈现在我们周围。

在医疗方面,人类其实也存在类似的现象:对疾病症状背后的讯息越来越不懂得洞察,没有倾听之意,反而滥用各种医疗手段去干预自己的身体器官甚至构造,结果也可能是事倍功半。其原因是,我们把医疗手段和药物当成了某种逃避面对内心恐惧的方式。自己的内心缺少观照,各种现代化的医学手段就变成了人们对抗疾病的武器,人们的身心疾病和问题就会越来越复杂化。

很多时候,我们根本不用花费那么大的代价去改造"风水"或改造别人,只要注重观照自己内心的恐惧,学会修正自己的内心就可以了,这绝对不是什么玄妙的大道理。

我们潜意识里的各种想法和情感模式都在主导着我们的人生际遇。为此,我们其实更需要突破自己内心的某些限制。

改变想法就是改变命运

人们内在的恐惧往往是以限制性信念的形式存在的。

信念其实只是潜意识里的一个个想法而已,人们都活在自己的想法中。很多人觉得自己无法改变的时候,就是活在自己的固化模式中,那模式不过是一连串固化的想法罢了,这些想法也就是人们通常所说的"命"的实质。中国传统社会比世界上其他任何国家或地区都更重视"命",很多中国人对于"命",常常能感受到一种深深的无力感、无助感或无价值感。

财富的灵性法则

信念的力量可能使我们与金钱紧密联结在一起,也有可能导致我们与金钱无缘。

但是,"命"并非"天注定",改变自己的"命"也并非不可能,关键在于人们是否拥有敢于质疑自己固化想法(限制性信念)的勇气。

难以觉察自己固化了的想法或信念,我们就会相信所谓的"命",久之又强化了"命"对我们生活的塑造作用,导致我们更加相信"命"是无法改变的,或者"命"是注定的。这就是很多人的命运无法改变、升华的根本原因。

因此,当我们觉得一切都无法改变的时候,"命"就真的成了"命格",像一个个格子一样,把我们的潜力和能量框在其中。

如果深入探索下去,我们便会发现无法改变的"命"的背后,往往是一些无形的恐惧。例如:

- 恐惧失去;
- 恐惧死亡;
- 恐惧分离;
- 恐惧贫穷;
- 恐惧付出;
- 恐惧衰老;
- 恐惧爱;
- 恐惧受伤;
- 恐惧失败;
- 恐惧受批评、被数落;
- 恐惧孤独;
- 恐惧与人打交道;
- 恐惧上台讲话;

·恐惧被拒绝；

·恐惧失业；

·恐惧负面消息；

·恐惧接受；

·恐惧意外；

·恐惧承担；

……

你也有这些恐惧吗？感受到恐惧不可怕，可怕的是缺乏面对这些令自己恐惧的事的勇气。

与金钱的关系中存在的问题，也能让人在不经意间窥见自己内心的恐惧——更深层的限制性信念。

一个人内在的限制性信念是如何影响其财富命运的呢？

举个很简单的例子，当一个人凡事都想着"东西太贵"，要"节约用钱"的时候，他会创造出什么样的生活呢？他很少会想到投入能量是可以创造自己想要的生活的。即便他懂得吸引力法则，学会了正确观想目标来创造，他吸引来的可能也都是跟他一样计较的人或事物。如果他是个生意人，他总是会吸引跟他讨价还价的那类顾客，他们同样属于想要"节约用钱"的类型。

坦白地说，我自己也曾经是有这类想法的人。有一段时间，我发现自己在工作中总会吸引一些说咨询费用很贵的顾客，即便我在同行当中一直坚持公益性价格。甚至有人在电话里与我讨价还价，对此我颇感尴尬，也很无奈。

于是我回过头来反省这个问题，跟自己的潜意识沟通：为什么我会弄出这样的现象呢？

第六章　向内心寻找答案

慢慢地我意识到,我的潜意识里本身就有"很计较钱"的观念,从小到大一直都有。

潜意识还给了我关于这个信念的进一步的讯息:这些信念都是我父母在过去很长时间的匮乏年代学习养成的,后来又灌输给了我们这一代,长期以来,几乎成了我们家的"家风"。因为持有这样的限制性信念,任凭我怎么努力地想设立、追求新的目标,想运用吸引力法则,也免不了"穿上新鞋走老路"。

我发现,一个人有限制性信念时,就好像把自己关在了一个小笼子里。想欣赏到整个大自然的美景,但再怎么去创造、去观想新的画面,也还是有相应的局限。

所以,当我觉察到这一点时,我就决定不再活在这些旧信念里面,并更深入地探索了自己内心里的所有限制性信念。后来,我改变了喜欢讨价还价的习惯,再后来,顾客们也好像变得不那么计较价格了。

再说一类现象。如果一个人有了"我不值得拥有金钱"的想法,他的能量常常是溃散的。他会常常体验到无力感或无价值感,从而创造一些失去财物的意外现象,譬如,他有时会花钱买很多便宜却无多大用处的东西,甚至会成为小偷们光顾的对象。

有个女性来访者,她创办了一家美发店,最怕的就是开店亏损。正是这样的想法"创造"了现实,她来找我的时候已经亏损200多万了。

我引导她回溯并体验曾经发生的、令其困扰已久的一些可怕事件,又引导她与亏损的那些钱沟通。

她感觉到,在光里面,那些钱似乎在"告诉"她:"其实,我们并没有真的离开你，只是在外面'玩'罢了。我们一直在外面帮助你创造更大的利润，也一直在等待你学会战胜自己的恐惧。你唯一需要的就是放松和信任罢了。"

尔后，我还引导她与她的那家美发店沟通，让她"融入"她的店铺，店铺也仿佛"告诉"她："这个店的位置更适合做餐饮，而不是美发店。因为经过这里的人，大部分都是来这栋楼的大卖场买东西的。"

通过这次沟通，她对内心的恐惧有所释怀，更重要的是她理解了金钱其实是有机会回来的。

让人料想不到的是，这次沟通之后，她的直觉给了她一个很大的灵感：现在的美发店不一定转让，她可以转变经营思路，例如把这家店经营成为样板店的形式，发展连锁加盟。因为她不仅在剪发设备上拥有专利技术，同时也具有非常丰富的连锁企业管理经验。这样转换经营思路后，她将在收取加盟费用方面获得更多收益。

看来，那些钱的"话"是真的，那200万并没有真的亏损掉，它们只是"在外面玩"，并且在尽可能地创造更大的利润回流。

所谓"失去"，难道不也是一个限制性信念吗？

我们在现实生活中，还有多少根深蒂固、习以为常的看法、想法或是现象本身，其实也不过是植根于我们内心的固执的限制性信念呢？

我发现，人们打破自己的限制性信念后，就如同"塞翁失马"的故事一样，福祸、好坏也只是一念之间的事情。

第六章　向内心寻找答案

给心灵"开光"

不能直面自己内心的恐惧与挂碍，只是求助于算命、风水，或者不断更名换姓的人，很多时候除了一时的逃避与安慰，还会剩下些什么呢？

心外求法、改变风水真的可靠吗？这些人看到了自己内心里的"风水"（思想里面的风生水起）了吗？

那些一有问题便求助于算命卜卦的人，有没有想过要内观反省，从自己的心灵出发，面对自己思想的局限，从而超越自己原有的命运格局呢？

很多人执着于靠水晶、矿石、开光物等给自己能量加持、转运或保佑自己升官发财，他们难道不也是一直在逃避面对自己的内心吗？是这些外求的东西在加持我们，还是我们在加持它们呢？

其实，我们的内心具有加持一切的力量。但假如我们的内心没有"开光"，就没有任何力量，纵然那些外在的东西是开过光的，它们又能加持我们多久呢？

把自己的恐惧藏起来，哪怕是藏在神像的背后，就真的不用再害怕面对它们了吗？这是不是有点像掩耳盗铃呢？

反过来说，如果我们能够勇于直面自己内心的阴暗面，对那些让我们一度深感恐惧或有罪疚感的事情释怀，我们是不是就等于给自己的心灵开了光，从心灵的源头开始转变"风水"，从而真正地改变自己的命运呢？

世上的人都希望好运每天降临，似乎现在是个好运比较稀缺的年代。但是，好运又会从哪里来呢？

中国有句古话：运用之妙，存乎一心。"好运"只能来自我们的心灵，而非外物。

运气、运气，借用外物作用到你的心灵，你身上的运气（能量）才能运作起来。既然如此，何不直接从改变自己的心灵开始，来改变自己的命运呢？

懂得了这一点，我们又该如何让自己的运气好起来呢？各种各样的改运法门是不能真正解决问题的，唯一有效的办法就是让自己的心灵得到成长和滋养，学习、了解我们心灵的智慧，懂得如何提升自己的心灵、改善自己的心境、转化自己的意识。

好运就是好的心情或心态。只有给自己的心灵"开光"，好运才会随时随地跟着自己，这难道还不够简单吗？

心通万物，心能转物，不被万物所拘，方能运转万物，万物也会为我所用，命运自然随之改变。

心随物转，容易随波逐流，我们的运气就会被各种外物牵制，今日改了运，明日又恢复如初，何其难哉！

一个清洁女工的故事

反过来说，如果我们懂得善用心灵的力量，外在的风水和万物的能量也就可以为我们所用。

心能转物，我们的心本身就有转化万物能量状态的能力，只要我们能够让心自由放松。为此，我们应停止对外物的过多贪求，也不应执着或依赖于外物的改变或加持，而是通过一些简单举动影响、转变万物的频率，从而使自己跟周围的环境、万物和谐共存。

总之一句话,境随心转。

伟大的人总是跟随自己的内心去影响他人和世界,而不是单纯依赖外在的力量去改变一切。他们能在自己的内心里面战胜恐惧和匮乏——他们或许也并不是一开始就完全没有恐惧,而是在生命历练的过程中能够以某种方式战胜恐惧。

当一个人内心没有恐惧的时候,他的内在力量自然会足够强大,他的影响力才会更大。

伟大,有时并不体现在从事多么有吸引力的职业,或有多大的名声为外人所知,一些很普通很普通的工作者身上也会闪耀光辉。

琳达·托马斯原本不过是一名普通的清洁工,但是如果你看过她写的《清洁的力量》这本书,你就会知道"扫地僧"里面真的有大师。

拥有30多年清洁工作经验的她,经常受邀到世界各地去演讲和举办教学工作坊,因此也被誉为"清洁女王"。

在我看来,她真的很伟大。她的伟大就在于,她赋予了清洁别样的意义,为清洁工作注入了灵魂。在她看来,清洁不是一件小事,而是一项具有灵性意义的工作。

1953年琳达·托马斯出生在南非,结婚后随丈夫移居瑞士。为了能让两个孩子上私立华德福学校,她决定创业——创办一家只使用环保清洁剂的清洁公司。那时的她虽然已经可以把清洁做得很好,但还远远称不上热爱。

工作时,她也常常感受到做清洁工的身份危机。人们对清洁工态度冷漠,有时她还会受到别人的歧视。所以,在工作之余，她不断问自己：怎样才能把这个工作坚持19年，直到两个孩子都在华德福学校完成学业？

琳达的女儿上幼儿园时，有一天，轮到她负责女儿班级的清洁工作。她第一次走进卫生间，第一次看见那小小的马桶，她被深深地打动了，开始跪在地上做清洁。这时候，她仿佛看到她的女儿和其他孩子们使用她清洁过的马桶的情形，突然感受到清洁的过程充满了爱。她理解了清洁的意义——清洁是在用双手表达爱，用双手为爱的人创造一个新的空间。

她也时常思考：居住或生活的每个空间，对其中的人到底会产生怎样的影响？作为一个清洁工，我能为他们做出什么样的改变？

她回想起小时候和家人住在一起的时光。那时她不需要做家务，家里有保姆。后来，爷爷去世了，妈妈叫她和妹妹每天为奶奶铺床，安慰奶奶。琳达记得妈妈教她们怎样叠毯子，还要把枕头拿到窗外，在阳光下轻轻拍打，好像在拍走悲伤和眼泪。把枕头放回原处时，要对着它说几句祈祷词，这样奶奶躺下时就会感到很舒服。

那时候，家里有一个黑人女仆，住在离琳达家不远的农场里，每天早晨起来她可以看见女仆正在做的事。女仆全家住在一个帐篷里，她用砖头和鲜花围成一个边界，像个小院子。每天早晨，这个仆人都会拿着一把扫帚，从帐篷里倒退着走出来。从帐篷到小院子门口有条小路，女仆会非常有韵律地把这条路扫干净，然后回到她的帐篷口，像个女王一样环顾她的院子，并向帐篷鞠躬敬礼。女仆的工作姿态给她留下了深刻的印象。她不理解女仆为什么每天这样做，有一次她跑过去问女仆在干

第六章 向内心寻找答案

什么,女仆跟她讲,早晨第一个关照到居所的人,是可以为全家带来祝福的人。

回忆这两件事让她领悟到,清扫不是仅仅跟灰尘、脏乱有关,而是因为有对空间和生活在其中的人的爱和祝福,才有了清洁的工作。她的内在心念一转,所有的事情都发生了变化。从那之后,她的心中生发出对清洁工作更多的热爱。

在她看来,清洁一个房间,就是关心和体贴房间里住的人。带着爱和觉知从事清洁工作,不仅能创造高能量空间,还能实现自身的灵性成长。

干净、整洁的房间会带来很不一样的效果。对于一些有特殊需要的人来说,清洁尤为重要,因为他们对周围环境比正常人更加敏感。

有一次,琳达去康复村做清洁,在一个房间里见到躁狂症患者彼得。工作人员告诉琳达,彼得已经有两个晚上没有睡着了。琳达站在房间里仔细打量周围,很快就感觉到有一种很强的"阻力",随后她在床底下发现了厚厚的灰尘。这是一种很奇怪的灰尘,毛茸茸的,好像还在移动。她打扫了整个房间,还跪在地上仔细打扫床底下。随着清洁接近尾声,她感到房间的"阻力"也在衰减。当她打扫完毕、还没来得及离开时,彼得就向房间跑过来,一边跑一边脱衣服和鞋子,进入房间后倒在床上,立刻就睡着了。他一动不动,连续睡了22个小时。房间被打扫干净、变得舒适后,这名躁狂症患者竟然从屋外就感觉到了。

更有趣的一件事发生在康复村举办的一次培训中。那天琳达只有时间清洁卫生间里的两个隔间,但所有的特殊需要者宁愿在这两个干净的卫生隔间前面排成长队,也没有人愿意使用没有打扫的卫生间。

琳达还从给医院做清洁的过程中得到了宝贵的经验。

在此之前,从未有人如此认真地研究过病房里的灰尘究竟有什么奥妙。生病的人会产生大量的灰尘,她非常用心地观察,发现很多病房里的灰尘是很不同的,而相同疾病的人产生的灰尘是一样的。如果某天房间里的灰尘突然增加了,通常这个房间里的病人就会过世。灰尘竟然可以显示出人的健康状况。

房间里放置的东西,会反映出我们内心世界里未完成的事件及其影响。

有一次演讲后,琳达被一个女士邀请去清洁她的房间。琳达走进去,看见桌子上有一大堆东西,东西堆得太高了,有些物品掉在地板上。琳达感觉到有某种东西受阻了,便问这个女士这堆东西下面是什么。女士哭了起来,说几周前她的妈妈去世,她和姐妹之间发生了严重的遗产纠纷。这堆东西下面有一封关于遗产纠纷的信,她没有勇气面对。琳达把信拉出来,请这个女士立即回答信中的问题。经过一段时间的内心挣扎,她回答了其中的问题,琳达请她写成信寄出去。当她回来时,面容焕然一新,因为未完成的事情终于完成了。

我认为,琳达是这世界上少有的真正意义上懂得"风水"和心灵之间关系的人。她写的那本《清洁的力量》我看过不止一遍。在某种程度上,我的工作跟琳达所做的非常相似。我从心底尊敬她,认为我们是心灵相通的朋友。

第六章 向内心寻找答案

一个果农的故事

还有一次,我偶然从朋友那里听到了一个叫木村秋则的日本果农的故事。

这个果农二十年不变,坚持用自己的方法种苹果,被一个作家写成了一本名为《这一生,至少当一次傻瓜》的书。这本书讲的不单是农林技术、种植经验,更多的是生命的励志。

这个普通得不能再普通的日本农民,因为妻子对农药过敏,又偶然接触了一本有关自然农法的书,就下决心不用化肥和农药来种苹果树。但现代农业对农药已经有了依赖性,苹果尤其如此,所有的苹果品种都是近代引入农药之后人工培育的结果,一旦停止使用农药,对苹果树而言就是灭顶之灾。

木村的苹果树一开始也不例外,从他尝试试验开始,到他在整个果园里看到七朵苹果花,最终采摘到两颗苹果,足足用了十年时间。这十年里他穷困潦倒,多次感到坚持不下去了,唯一的稻田也被抵了债,还不得不多次到城市里打工赚钱。那时,他的女儿在作文中写道:"我的爸爸是果农,但是我从来没有吃过家里种出的苹果。"但正是女儿在他想要放弃时给他打气,说:"爸爸,一定要坚持下去,否则我们不就白穷了吗?"

二十年后,木村的苹果成了全世界最神奇的水果。据说他的苹果切成两半,放在空气中不会腐烂,只是枯萎飘香,最后成为水果干,连专家都觉得不可思议。东京的法国餐厅主厨则说,用木村苹果所做的料理,订位已经排到一年之后了。因为他的苹果太好吃了,全日本人都在疯抢,对他的苹果的评价是:

财富的灵性法则

　　一个人内在丰足，钱就会不请自来；一个人内心充满光明，财富自然不会远离。

第六章 向内心寻找答案

"一生能吃到一次就好。"

木村想通过不用农药和化肥、不除草的方式来种苹果树,在现代社会里似乎是不切实际的傻想法。但这种"傻",在我看来其实隐含了真正的智慧:唯有懂得用心生活之道的人才能坚持下来。

这个故事对我最大的启发还在于木村懂得跟他种的苹果树沟通,懂得跟自然——包括土地,也包括苹果地里的虫子等——沟通。据说,他常把苹果当作自己的孩子来与之"交流"。木村说:"我是靠种苹果树生活的。而我之所以这么穷困,是因为我让苹果树痛苦了,是我在折磨这些苹果树。"因此,他时常轻抚着这些苹果树向它们道歉:"让你们这么辛苦,我真的很抱歉。就算不开花也没有关系,不结果实也无所谓,但请千万不要死去。"苹果树结不出苹果,他总觉得是自己的错。在那十年里,他不知道向苹果树道了多少次歉。当然,有时他也会鼓励这些苹果树:"实在太了不起了,我知道你们很努力。"在开花的第一年,木村带着烧酒到果园里,并浇到地上一些,跟苹果树对饮起来。

在经历多年努力终于成功之后,很多人都赞扬他,他却自嘲说:"可能是因为我太笨了,苹果树也受不了我,只好结出苹果了。"

万物都有它的生命,苹果树是这样,栽种苹果树的土地也是这样。

木村说:"苹果是主角,我只是帮助它生长,毕竟人再怎么努力也无法靠自己开出一朵苹果花。"

木村的苹果园与普通苹果园最大的不同在于生命力。在普通的果园里，一棵苹果树的根系也就长到两三米左右，而木村的苹果树则会长到地下二十米，轻轻扒开苹果园的浮土，就可以看到果树的根须。也许是根深的缘故，苹果与枝叶之间的联结也更有力。有一次遭遇台风，别人家的苹果基本全被吹落了，而木村的果园里80%的苹果仍牢牢地挂在枝头，可见其生命力之旺盛！

在一开始苹果树不开花的日子里，木村曾带着全家一起捉虫，果园里虫子无穷无尽，每天能捉成百上千条，但虫子的数量却丝毫不见减少。直到有一天，木村突然明白了一个道理：苹果树跟人一样，也想活下去啊！虫子到处都有，只有让苹果树自己变坚强了，才能真正抵御害虫。如今，木村的果园是一个丰富的生物世界，各种微生物、蚯蚓、蚂蟥、昆虫应有尽有。

木村是果树种植大师，也是深谙自然之道的生活大师。他的果园里任由各种植物生长，到了秋天会割草，让土壤温度降低，"这是告诉苹果树秋天要来了"。在不结果的时候，果园更像是一个植物园，各种杂草都很茂盛。

木村特意种植了黄豆，黄豆能提升土壤中氮肥的含量，地面下的微生物种类也随之变得丰富起来。木村种植黄豆的念头来自一个偶然的发现。据说他在最困难的时候，决定爬到山上寻死。到了山顶之后，却意外地发现一棵茂盛的榛子树结满了果实。山上也有害虫，为什么榛子树能长这么好？木村通过观察发现，原来是土壤不一样造成的，泥土的松软度、温度乃至气味都不同。他豁然开朗，明白了土壤才是种植苹果的重点。苹果树应当与大自然融为一体，但愚蠢的人类却用农药将树与自然隔绝开来。"没有任何生命是孤立的"，木村说。苹果树不能,人也不能。因此通过不断研究与实验,他在果园中种植了大量的黄豆,从而改善了苹果树和土壤中微生物们的生存环境。

木村还会跟果园里的虫子们沟通。今天,我们若去木村的苹果园,会看到一个木牌,上面写着:"警告虫子!如果你们继续在此肆虐,我将使用烈性农药!"你相信虫子能看懂这句警告吗?我觉得能。苹果树看得懂,虫子也看得懂。

如今不用肥料,果园的土壤仍能保持充足的肥力;不用任何杀虫剂,结出来的苹果却出奇地有抵抗力。

有多少人会坚持十年等到七朵苹果花的盛开?我们该如何向木村大师学习生活之道呢?

所谓"这一生,至少当一次傻瓜",其实是用心专注做一件事的写照。

种苹果,在我们有些人看来或许只不过是一个技术活,投入情感有必要吗?在最初的四五年间,在苹果树情况最糟糕的时候,有些树已经开始摇晃,甚至一推就倒,木村几乎每天都会逐个抚摸800多棵苹果树,并与它们说话。有人取笑他,有人说他疯了,但木村充耳不闻,心里对苹果树满怀愧疚,当他抚摸着苹果树并对它们说话时,明明没有风,他却能感觉到小树枝在微微地摇晃,似乎是苹果树在对他说:"我知道了,我知道了。"

为什么木村能成为专家呢?木村的回答是:心和技术的结合,才是真正的专业。

心是什么?只要比较一下木村的苹果与普通苹果的不同,我们就知道,木村的是有情感的苹果,也是富含生命的苹果,凝聚了种植者的"灵魂",它们不仅具有苹果的生命,也具有木村的生命。

从工作中体会到神圣

从琳达、木村这两位生活大师身上，我渐渐明白了如何跟宇宙万物沟通，如何专心做事。这足以让我们在任何领域内都能有所成就。

琳达认为，我们投身于工作而获得的智慧，会提升我们生命的品质，也会影响并改善我们的身体状况和财务状况。

从某种程度上说，跟我们的工作沟通也就是跟金钱背后的能量沟通。这个世界上的每一样事物，包括金钱在内，都有其不可忽视的神圣的一面。

从匮乏到丰盛，其实只在于如何用心，即如何做好我们手里的每一份简单的工作。为此，我们也要学会把快乐带到自己的工作里，并从工作中体会神圣的感觉。

有一次，我看到一个在商场当收银员的小姑娘一边工作一边哼着流行歌。那一刻，我感到她就是世界上最富有的人，于是我倍感兴奋，写了一首小诗来赞美她：

> 收银的小姑娘，
> 快乐地哼着流行歌儿。
> 全身心地投入啊，
> 每一个动作都透露着神圣，
> 这就是生活的正能量！

我常常想，我们的社会里为什么有那么多人不懂得如何让自己开心呢？就像金钱只是财富的一种形态罢了，财富是否也

第六章 向内心寻找答案

只是快乐的一种形态呢?

那些有钱却不快乐的人,充其量仅仅懂得金钱价值的一部分。如果一个人懂得如何让自己或周围的人开心,他就有了最容易成功的特质,也是最吸引金钱的特质。

纪伯伦的《先知》中有一篇"论工作",我体会,他确实道出了如何从工作中获得满足与快乐的所有奥秘:

> 我们工作,
> 以求得跟上天地及其灵魂的脚步,
> 因为无所事事会使你成为岁月的陌生人,
> 并与豪迈骄傲的永恒生命之旅脱轨。
> 你工作时,就是一支笛管,
> 时间的低语通过你的心化作美妙的音乐。
> 当大家齐声歌唱时,
> 你们当中有谁愿做一根实心芦苇,
> 唯独自己沉寂无声呢?
>
> 总有人对你说,
> 工作是一种诅咒,
> 劳动是一种不幸。
> 但我告诉你,
> 你的工作乃是
> 实现天地最深邃梦想的一部分,
> 在那梦想诞生之初,
> 这部分就已分派给你。
> 工作不息,便是真正地热爱生命,

通过劳动而表现对生命的热爱，
就意味着通晓了生命的至深奥秘。
然而，如果痛苦中的你把"生"当作磨难，
把"活"当成写在额头上的诅咒，
那么我只能回答，
唯有你额头上的汗滴才能将它洗去。

总有人对你说，生命是黑暗的，
你们在厌倦之中，
重复着厌倦之语。
我说，生命确实黑暗，除非有了驱策，
所有的驱策都盲目，除非有了知识，
所有的知识都无用，除非有了工作，
所有的工作都枉然，除非有了爱，
只有当你怀着爱心工作，
你才能把自己与自己、与他人、与神相连。

怀着爱工作意味着什么？
是用从你心里抽出的丝线来编织衣裳，
仿佛你的至爱就要穿上那件衣裳；
是用慈爱建造一幢房子，
仿佛你的至爱就要居住其中；
是用柔情播种，用欢乐收获，
仿佛你的至爱就要品尝这果实；
是在所有你塑造的事物中，

第六章　向内心寻找答案

注入你灵魂的气息，
并知道所有被祝福的逝者，
都在你周围守望。

我常听你梦语呢喃般地说：
雕刻大理石，
并在石中找到自己灵魂形象的人，
比耕田的农夫高尚；
而捕捉彩虹，
并用它在布帛上绘出人像的人，
胜过做鞋给我们的人。
但是我说——这不是在睡梦中，
而是在正午无比清醒的时分——
风对高大的橡树讲话的声音，
不会比对最卑微的草叶更甜美。
而只有那用他的爱心，
将风声化作甜美歌曲的人，
才是真正伟大的。

工作就是爱的显现。
假如你不能怀着爱工作，
而只觉厌烦，
那你不如放弃工作，
坐在庙堂门边，
接受那些乐于工作的人们的施舍吧。

因为,
假如你心不在焉地烤面包,
你烘出的苦面包就只能让人半饱。
假如你勉为其难地榨葡萄,
你的愤懑就在葡萄酒中滴入了毒液。
假如你宛若天使般地唱歌,
却并不热爱歌唱,
你便堵住了人们聆听昼夜之声的双耳。

第七章 破解潜意识之谜

第七章 破解潜意识之谜

破解潜意识之谜

在与很多来访者沟通之后,我常常想对金钱做进一步的思考和探索:人的这一生,到底是什么在影响命运呢?

起初的发现是我们的潜意识。潜意识是什么呢?狭义一点来说,潜意识是我们平时没有意识到的心理活动,或许我们也可以把它叫作无意识、下意识。这是西方心理学的解释。弗洛伊德认为,越是我们没有意识到的心理活动,对我们日常表现出来的行为或结果越能起到关键性作用。

后来,更多的西方心理学家把潜意识比喻为海上冰山在海平面以下的部分,它占据了一个人全部意识的90%以上,我们显露出来的意识及其行为被喻为冰山一角。这就是著名的"冰山理论"。

如图7-1,一个人由表面意识(显意识)决定的行为只是冰山一角,大部分行为深受海平面以下的潜意识的驱动或影响。

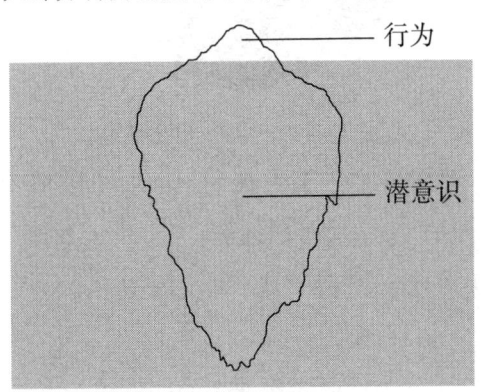

图7-1 冰山理论

东方人对潜意识是否有过研究呢？我认为也是有的，而且别有独到之处，甚至可以说博大精深。

早在十多年前，中国传统的太极思想及大乘佛教的唯识思想，就深深地启发了我对潜意识进行重新思考。

太极思想其实来源于古老的《易经》。《易经》云："一阴一阳之谓道。"如图7-2所示，阴阳既互相对立又互相依赖且互相转化。以太极思想来说，潜意识并不是单向地决定人的表面发生的一切行为和现象，表面发生的一切行为及现象也同时在影响着潜意识。

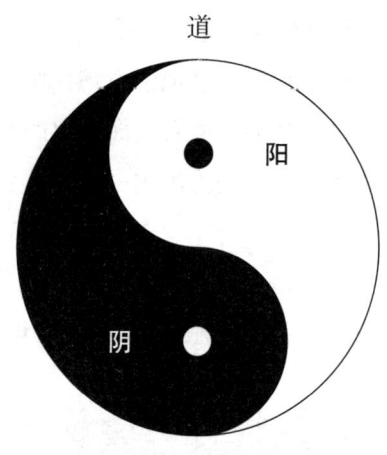

图7-2 一阴一阳之谓道

"一阴一阳之谓道"，在整体的"道"里面，"阴"是看不见的部分，"阳"是看得见的部分；"阴"是隐藏不现的部分，"阳"是显现于外的部分；"阴"是指无形的部分，"阳"是指有形的部分。

所以，如果"阴"是指潜意识的话，那么"阳"则是指我们的表面意识。那么，阴阳互相转化的太极思想，一开始就认为人的命运并不是完全被注定（或决定）的。

这样的思考方式让我对人类身心的理解从一开始就与很多单纯拥有西方心理学背景和经验的治疗师有所不同。

身、心、灵是一个整体

心灵其实是身体的延伸，它跟我们的物质身体并非截然分割的两个部分，而是会相互转化。也就是说，在观察者主体的更大意识范围内，身、心、灵这三者其实是一个整体。

什么是身、心、灵？如图7-3，身、心、灵这三个字乍看起来似乎很好理解，但细究起来又容易混淆。我发现，在心理治疗实践中充斥着概念误区。这正如生活中的很多事情一样，人们常常以为早已知道，实际上并未真正了解。

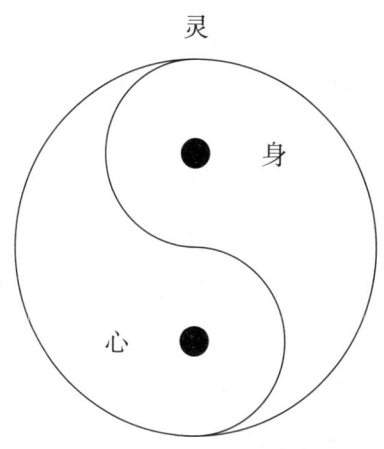

图7-3 身、心、灵是一个整体

身即身体。但这个身体并不等同于肉体，还包含了我们所能意识到的外界的人、事、物。我们之所以仅仅将"身"视为个人的肉体部分，那是因为我们意识的局限，而在东方圣贤们的眼里，"身"是超越个人的。

心也是如此。心也称心识，其实也不等同于我们每个个体的心识（潜意识）。它当然包含了我们每个个体的心识在内（想法、情绪、感觉等），同时也包含了我们人类的内在集体心识的内容。不仅如此，心也包含了可见的和不可见的（阳、阴）两部分。俗话说："心有多大，世界就有多大。"我们对身心的定义也跟主体观察者的意识范围有关。

灵又是什么呢？外在的、可见的、有形的身体是阳，内在的、不可见的、无形的心识是阴，"一阴一阳之谓道"，身心合一的整体意识称为"灵"，也有宗教家或神秘学家把"灵"称为"道""大我""真如""法身"。

当然，阴与阳的划分仍然是人类观察者意识的分别。在道中，这两者是一个整体，它们同时存在，并行不悖，没有绝对的分别与对立。这就是佛家所说的"不二法则"，也就是说，整体既不是一，也不是二，而是"不二"。

阴与阳是相互转化、相辅相成、相生相克的。如图7-3中的曲线"S"所表示的那样，"S"寓意相生相克。相生，即相互促进，相互转化；相克，即相对而存在，有阳必有阴，有阴必有阳。

身体与心识（外在与内在）的关系，正如阴阳互相转化、互相依存的关系一样，身体是可见的心识，心识是不可见的身体。

身体偏重于物质性（色）的一面，而心识则偏重于精神性（受、想、行、识）的一面，但这两者又构成了不二的整体。

身体是心识的延伸，也可以说心识是身体的延伸，两者本没有绝对的分界线。当内在的心被我们"看到"（意识到、觉察到）时，它就转化为外在的"身"了；而外在的"身"未被充分"看到"（意识到、觉察到）时，它就是内在的心了。

这也是佛家为什么将身、心、灵称为报身、化身、法身，它意味着这三者都是身体的不同显现；这也是为什么道家把身、心、灵称为阳神、阴神（识神）、元神，它意味着这三者都是精神意识的不同显现。

名相虽然不同，内涵却大体相通。

西方学者眼里的潜意识对应东方人眼里"身、心、灵"三者中的"心"，它包含个人意识、集体意识。如果详细划分的话，个人意识、集体意识又可分为各自阴阳相对的两部分。个人意识分阴阳，即西方心理学所谓的表意识、潜意识；集体意识也应分为所谓的集体表意识、集体潜意识。

西方学者在探索人类内在心识的不同部分时，产生了不同的心理治疗方法和流派，譬如：

- 探索内在的情绪与外在的表现行为之间的关系时，有了情绪疗法；
- 探索内在的信念、认知与外在行为的关系时，有了认知疗法；
- 探索内在的沟通模式、剧本时，有了交流分析学派；
- 探索内在的家庭结构、沟通模式对个人的影响时，有了家庭治疗；
- 探索内在的团体动力对人的影响时，有了团体动力学；
- 探索内在"未完成事件"的影响时，有了完形治疗……

財富的靈性法則

我们富裕或贫穷,都来自我们在潜意识中播下的种子。恐惧创造匮乏,喜悦创造丰盛。

第七章 破解潜意识之谜

西方心理学有好几百个流派，每一个流派针对内在心识的某个部分做分析性研究都有其效验，但同时又都可能有其局限性，这是不可避免的。因为整体心识被划分为一个又一个不同的区块，所谓"仁者见仁，智者见智"，就如盲人摸象，所见都受限于自己的观察角度。长久下来，现代西方心理学演变为日益复杂的各种门派理论。

其实，大道至简，对东方圣哲而言，他们是从整体角度来把握心识，了解身、心、灵三者的关系的，所以不会迷失其中而觉得玄奥复杂。

种瓜得瓜，种豆得豆

在心灵探索的领域里，我还受到了佛教唯识学的启发。唯识学可以被看作一门探索与剖析人类心灵结构的学科，它不仅回答了什么是潜意识，潜意识如何创造外在发生的一切因缘果的现象，而且回答了是什么在决定我们的潜意识。

唯识学把我们的潜意识比喻为一块巨大的田地，即"识田"，一切好的或坏的现象的发生都是田里结出的"果实"。决定结出什么样的果实的，则是我们种下了什么样的种子。

我们在潜意识里种下了什么样的种子，到头来就会有什么样的果实，正所谓"种瓜得瓜，种豆得豆"。这非常形象地说明了世界上的因果法则或业力法则。

唯识学在学理上面又把意识划分为"八识"，这八个部分分别是：

·眼识（人的眼睛与外界的对象"色"产生接触）；

- 耳识（人的耳朵与外界的对象"声"产生接触）；
- 鼻识（人的鼻与外界的对象"香"产生接触）；
- 舌识（人的舌与外界的对象"味"产生接触）；
- 身识（人的身体与外界的对象"触"产生联结）；
- 意识（指人的思想分析判别作用，意根与思想的对象"法"产生作用）；
- 末那识（也叫我执，指人的执着心，产生主客体或者是我你他之间的分别）；
- 阿赖耶识（也叫藏识、一切种识，是以上七种所有分别意识的总集，有产生潜藏或现行的作用，所以可以说它就相当于东方人眼中的潜意识）。

这"八识"说明了我们是如何在潜意识里种下各类种子的。也就是说，潜意识，不管你叫它磁场也好，场域也好，是它决定了我们的命运。进一步来说，我们潜意识的内容是什么，取决于我们种下的种子。

我们现在收获的是贫穷还是富裕，是由我们过去种下的种子决定的。如果我们当下种下的是富裕的种子，迟早有一天会结出丰盛的果实。

种入潜意识的种子，不仅与我们看到的、听到的、闻到的、尝到的、身体触碰到的外界内容有关，更重要的还在于我们对这些内容进行了思想上的分别（例如好坏、对错、善恶、美丑、高低、上下等），而且，我们对所分别的内容又产生了是否执着的取舍态度。

所有这些内容在潜意识的田地里一起运作，有一天便会创造出我们所遇到的各种外界环境，即唯识学所说的"种子起现

第七章 破解潜意识之谜

行"。在外界环境的作用下，我们的潜意识会再次受到熏染，我们的习惯模式也会再次加深，即唯识学所谓的"现行熏种子"。"种子起现行，现行熏种子"，如图7-4所示的循环作业一般，人们的一切行为方式都变得习惯化，如同自动反应程序一般无意识化了。

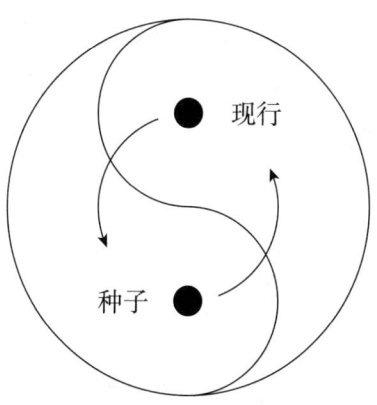

图7-4　种子与现行

唯识学与西方心理学的不同之处，也是其独到之处，在于它既分析了心识的结构，例如"八识"，也具有整体观的视角，例如"种子"和"现行"之间的关系。

人要改变自己的命运，就必须先看清楚自己过去是如何给潜意识种下各类种子的。这个过程就是佛教的修行观，即"转识成智"。

你想改变自己的命运吗？那么你就要学习如何转化自己的心。每天看什么、听什么、闻什么、吃什么、接触什么，都要开始改变，也要学习转化我们的思想，并最终改变我们对小我的执着态度。

种下更多的财富种子

那些决定我们财富命运的种子又是什么呢？

我们的所见、所闻、所尝、所触的外境都是影响我们能否拥有财富的种子。除此之外，更重要的是我们思想的种子以及我们执着的种子。有时候我们也称其为财富背后的业力种子，因果法则也被称为业力法则。

麦克尔·罗奇格西是《当和尚遇到钻石》的作者，他既是一位成功的钻石商人，也是一位佛家弟子。

他大学毕业后到印度潜心钻研佛法，成为历史上第一位获得佛学博士学位的美国人。

1981年，他回到美国，和朋友一起贷款成立了安鼎国际钻石公司。17年后，公司年营业额超过了2亿美元。他把自己商业成功的经验写成了《当和尚遇到钻石》一书，该书一上市就获得了好评，并先后被翻译为25种语言。

当有人问麦克尔做生意是否违背佛法或修行戒律时，他的回答是：赚钱也是修行的一部分。他的观点是，钱本身没有错，拥有较多资源的人更能多行善事。所以问题的关键是用什么方法赚钱，如何让它源源不断，以及对钱的心态。

他在书里和演讲中反复强调种下财富种子的重要性。一个人要是没钱，最好多去布施，因为布施的人在潜意识里就种下了有钱的种子。

那些没有伴侣的人要找到好伴侣，首先要种下伴侣的种子，方法很简单，就是去多陪陪孤独的人，例如孤寡老人，热心、真诚地关怀他们。

如果你没有钱,或跟其他人或伴侣的关系很差,那可能就是你之前种的"坏种子"发芽的结果,因为你永远不会看见自己内心没有的东西。

怎样在日常生活中多播下"好种子"呢?麦克尔认为:

- 想事业飞黄腾达、财源广进,你必须保持慷慨大度的心态;
- 想要家庭和睦幸福,天天拥有好心情,你的生活必须遵循伦理道德;
- 想身体健康,当上领导,你必须乐于助人;
- 想心思专注,你必须坚持冥想;
- 想要心想事成,你必须了解空性的意义,多发善心。

麦克尔后来又跟别人合著了一本书——《业力管理》,也谈到了业力,与上文的意思大同小异。他认为,业力就是我们所做的所有事情,是我们的一切所言、所思,甚至是我们为他人所做的一切。我们每时每刻都通过与他人的关系互动,把业的种子种在意识的土壤里。

因为没有他人就没有办法种任何种子,而没有种子就不会有成功,所以,我们在事业中需要他人,他人在某种意义上来说就是财富的土壤。

他还举例说,如果你想要成功地经营一家企业,就需要四种"业"的伙伴:同事、顾客、供应商、世界。对于每一位"业"的伙伴,若能先让他们获得成功,你的事业就一定也会成功。所以,为了拥有财富和成功,我们需要善待世界上每一位业的伙伴,通过服务这些人,我们才能种下更多的财富种子。

这与我们之前谈到的"我们与他人的关系都是潜意识的一部分"也颇为符合。

与灵性"大我"沟通

除与我们的潜意识沟通之外,还有没有其他更有效的方法呢?这就不能不说与灵性"大我"的沟通了。首先,需要谈谈身、心、灵的关系。

如图7-5所示,在身、心、灵三者的关系中,"灵"并非指个人的身心,却又常常包含个人的身心在内,它通过无数的人、事、物,包括个体的生命(身心),来显现其作用。也可以说,"灵"既非一切具体万象,但又存在于一切具体万象之中。我们前面也说过,它在不同的宗教里可能有不同的说法,有的称为"道",有的称为灵性"大我""真我",还有的称为"真如""法身",甚至被拟人化或神格化后称为"神"。

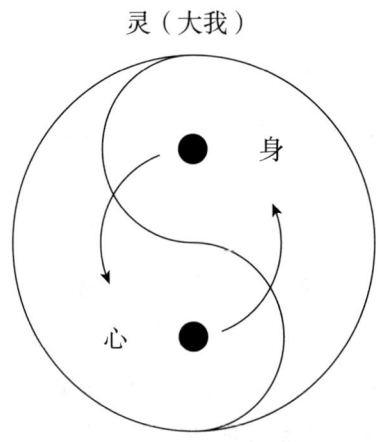

图7-5 身心灵(大我)

第七章　破解潜意识之谜

了解身、心、灵之后，我们就会明白，世界上的一切现象都不过是在身、心、灵的范畴内发生罢了。因此，我们的沟通也可以在身、心、灵的不同层面进行。

"身"是指物质的肉体，属于可见的范围，有人把物质界的一切称为"第三次元"空间；"心"则是意念体、精神体，属于"第四次元"空间；而"灵"是指整体，是"第五次元"空间。

在"身"的层面进行的沟通，常常是显而易见的，也是一般人最常见的层面。例如，人们见了面，会微笑、拥抱、握手、提问、回应，都是在一个有形的、可见的层面进行沟通交流。

在"心"的层面进行的沟通则未必显而易见，常常是在内心看不到的层面。如，当你想到某个人、某件事物时，内心浮现出一些影像画面、感觉或想法，继而又有了相应的受、想、行、识，这就是在一个无形的层面上发生的沟通交流。尽管是无形的沟通，可是通过观想、语言，仍存在一个固定的交流对象。

现代的绝大部分心理咨询和治疗都是在身、心这两个层面进行的。我们常常提到的在"灵"的层面沟通又是怎么一回事呢？虽然它也每天都在发生，但一般人对此比较陌生，未能觉察。因为灵包含身心层面，又不限于个人，与"灵"沟通，意味着我们与灵性"大我"沟通，与道同行。

有时候，我们把个人的身心归纳为"小我"。而与"灵"沟通则意味着了悟一切万物都是在内在发生的，没有独立于个体的"我"乃至"我们"之外的事物。深刻体察物我一体的境界，即是活在"大我"的层面，活在当下"道"的层面。

觉察并在这一层面进行沟通,要求我们能明心见性,超越"小我",放下对"小我"的执着,达到更高的层面。这在传统宗教领域一直被认为是悟道者的境界。

究其缘由,能够明心见性的人,古往今来可谓凤毛麟角。世界上绝大部分人都仅为个人而活、为个人的利益福报而奔忙,缺乏造福一切众生的大慈悲心,没有从个人主义乃至有限的文化小圈子中升华出来。这样的话,自然不太可能与灵沟通,与道相应。

奇怪的是,与灵性"大我"沟通,常常是以最简单的方式进行的,这种简单超乎我们的想象。最简单的四句话,"对不起""请原谅""谢谢你""我爱你",就足以包含一切;一句"阿弥陀佛",甚至只要一个单纯的心念,也足以包含一切。

与灵性"大我"沟通,无论你用什么方法,只要能够放下"小我",融入"大我",都必然简单至极,根本不需要更多的方法。

一个精神科医生的故事

在与灵性"大我"沟通、创造财富的领域中,在被问及如何改变人生命运的时候,我常常会提到修·蓝(Hew Len)博士。《零极限》这本书中记载了这个夏威夷精神科医生怎样运用与"大我"沟通的方法治疗精神病人的故事。

与灵性"大我"沟通的方法也称夏威夷疗法,是夏威夷的一种古老方法,叫"Hooponopono(荷欧波诺波诺)大我意识法"。

修·蓝博士解释说:"简单地讲,'荷欧波诺波诺'就是使之正确或改正错误。'荷欧'(Hoo)在夏威夷

第七章 破解潜意识之谜

语中是'塑造'的意思,而'波诺波诺'(ponopono)则是'完美'。根据古代夏威夷人的说法,错误是由痛苦记忆所污染的思想引起的,这些痛苦的思想或错误会造成身心的失衡与病痛,而'荷欧波诺波诺'则提供了一个方法来释放这些能量。"

简言之,"荷欧波诺波诺"就是一个解决问题的方法,而且这一切都将在你的内在完成。

这改良过的新方法是由夏威夷治疗师莫娜创造的,她在1982年11月将她的方法传授给修·蓝博士。

莫娜·纳拉玛·西蒙那是"Hooponopono 大我意识法"的创始人和第一个导师。修·蓝博士见到她的时候,她的桌上有一块牌子,上面写着:"平静从我开始。"

修·蓝博士跟着莫娜老师努力学习了一年多,就治疗了三十几个病人。在《零极限》中,修·蓝博士讲述过一个进行治疗工作的完整故事:

> 他说他在夏威夷州立医院(Hawii State Hospital)工作了三年,那里收容患有精神病的罪犯的病房区是个危险区域,每个月都有心理治疗师辞职,员工也常请病假,或者干脆就不来了。大家经过那个病房区的时候,为了防止被那些疯狂的病人攻击,都会背靠着墙走路。说实话,那里实在不算一个可以愉快居住、工作或探访的地方。
>
> ……
>
> "几个月后,那些戴着手铐脚镣的病人被允许自由

走动，"他告诉我，"而其他本来必须服用高剂量药物的病人，则开始减少药量。然后，那些被认为永远不会有机会获释的人，也被释放了。"

真不可思议。

"还不只这样，"他继续说着，"医院的员工开始喜欢来上班，翘班或者人员流动率过高的情形一并消失了。后来由于病人逐渐被释放，那整个病房区都被关闭了，而所有员工却还来上班，因此，我们的工作人员甚至出现了供过于求的情况。"

这时我必须要问一个重要的问题："你在自己内在做了什么，可以让其他人改变？"

"我只是清除了我内在与他们共有的部分。"他说。

什么意思？我不懂。

修·蓝博士解释道："对自己的人生负百分之百的责任的意思是，你生命中的每一件事，只因为它在你的生命中，所以都是你的责任。从字面上来说，整个世界都是你的创造。"

修·蓝博士到底做了些什么？他没有为病人进行任何治疗或咨询，也没有参加任何与病人有关的工作会议，仅仅用这个"Hooponopono大我意识疗法"进行内心的忏悔、原谅和转化工作。具体说来则更简单，就是重复地说"对不起""请原谅""谢谢你"和"我爱你"这四句真言。他不是针对某个人说这四句话的，而是对宇宙共同的灵性"大我"说的。说这四句话主要是为了清理掉那些共有的负面记忆能量，这样，别人就不必再承受这些能量了。

第七章 破解潜意识之谜

全新的意识转化之道

记得我看了《零极限》那本书之后不久,碰到了一件不可思议的事情。

有一天,一个女士在网络社区里向我咨询她该如何找到她那只走失了一天的猫。我那时从事心灵沟通工作已经有两年了,看到这个女士身在异地,唯一能想到的便是《零极限》里修·蓝博士所用的方法。

于是我告诉她说:"你不妨问自己一句话:'我的内在发生了什么,才造成丢失自己心爱的猫的现象呢?'"

她问:"然后呢?"

我说:"然后你就对自己的'大我'说:'对不起!请原谅!谢谢你!我爱你!'这四句话。"

她再问:"然后呢?"

我说:"没有'然后'了,就这些了。"

之后我就忙其他事情去了,她也没再问我什么。过了两天,我接到这个女士的电话,原来她想告诉我,她那只心爱的猫已经找到了,要向我致谢,并希望能够预约我的心灵沟通服务。我自己也对这件事感到不可思议。原本我告诉她与"大我"沟通的方法是因为实在想不到其他更好的方法,没想到真的会帮到她。

后来,她找我做咨询的时候,告诉了我事情的经过:那天她在网上咨询了我之后,就真的照我所说的做了。之后,她心里突然生起了一股愧疚感,因为自己这几天心情不好,对这只猫疏于照顾。她心里有了愧疚的感受后不久，就听到了猫的叫声。我猜这只猫或许是感应到了自己主人内心的想法，自己跑回了家。

自那以后，我开始更多地关注并运用这个与"大我"沟通的方法。渐渐地，我发现，修·蓝博士运用的"大我"系统疗法不仅简单有效，而且与东方佛道哲学理念也是完全相通、相应的。它既是古老的，又是全新的，它是潜意识转化之道。

既然心爱的猫会感应到我们内心的某些想法，心爱的钱又怎么不会呢？因此，有时候碰到某些问题或阻碍，我就会在心里默念这四句真言："对不起！请原谅！谢谢你！我爱你！"有时候工作遇到瓶颈了，我也会观想我要服务的对象，心里默念这四句真言："对不起！请原谅！谢谢你！我爱你！"还有的时候，我会拿出银行卡和人民币来，心里默念这四句真言："对不起！请原谅！谢谢你！我爱你！"

……

做这些事情的时候我没有任何期待，而往往这么做了之后不久，就会得到灵感，告诉我下一步该怎么做。

修·蓝博士说："你可以用两种方式过活——用记忆或者用灵感生活。记忆是旧程序的重复，灵感则是神性给你的启迪。你要的是灵感，而聆听神性的启迪与接收灵感的唯一方法，就是清除所有的记忆。因此，你唯一要做的就是不断清理所有的旧的记忆。"

所谓记忆或者旧程序，其实就是我们的潜意识。然而与"大我"沟通，却是直接跟"大我"本源联结，因而绕开了潜意识的阻碍。

它清理旧的，同时创造新的，如图7-6所示。

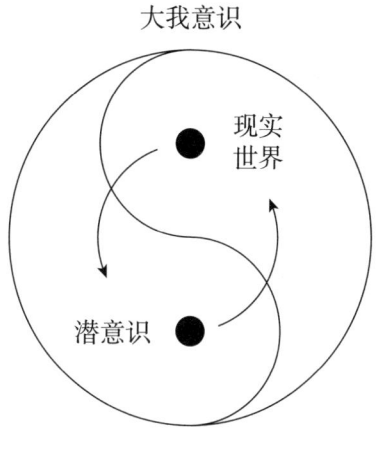

图7-6 "大我"意识

在我看来，与"大我"沟通的方法，主要有以下几个特点：
- 治疗的对象：可以是任何现象（人、事、物），原因是一切外在发生的都是我们内在的一部分，我们都要百分百地承担自己的责任。
- 治疗的方法：对"大我"（灵性）反复念诵四句真言——"对不起""请原谅""谢谢你""我爱你"——清理导致我们产生各种问题的内在记忆程序，念诵的方式、时间、地点不限。
- 治疗的重点：不带任何期望，期望来自"小我"（记忆）。
- 治疗的结果：平和。平和是灵感——创造你想要的一切（健康、财富、灵魂、伴侣）的基础。

"大我"系统疗法就是这样的一种方法，它帮助我们在"大我"层面（"道"的层面）工作，轻而易举地获得富足、健康及平和。

第八章 财富的灵性法则

第八章 财富的灵性法则

物质的本质是什么？

跟金钱沟通有了一定经验之后，我就会深入思考一些关于金钱的哲学问题。

如果说金钱是一种物质的话，那物质又是什么呢？物质的本质是什么呢？物质是怎么产生的呢？物质跟精神又是怎样的一种关系呢？

如果人们真的了解了这些最本质的问题，不就能够轻而易举地创造财富，并将金钱显化在现实生活里了吗？

现代物理学有一个伟大的发现，那就是"物质就是能量"，这也是爱因斯坦对人类所做的最大贡献之一。他向我们揭示了著名的质能方程式 $E = mc^2$，这也说明物质只是能量的一种形式。通俗一点来说，这个世界上的万事万物都是由能量形成的，不管是石头、木头、桌椅，还是你我的身体，都是如此。

传统物理学家们都想找出物质的本质，对此已经研究了成百上千年。但他们探索得愈深，就愈感到迷惑。如果他们能够活到今天，想必也无法相信物质的里面竟然什么都没有。

物质的本质并非物质，而是能量。这确实是现代物理学家们的惊人发现。又是什么使我们把物质背后运作的这股能量看成"物质"呢？量子物理学家们给出了答案：是我们观察者的想法或者说意识，是我们的想法把所有的物质定义为石头、木头、桌椅、你、我等。所以说，我们的想法和物质其实是一样的，它们的本质都是能量。

量子物理学家所谓的"观察者效应"（Observer Effect），指的是被观察的现象会因为观察行为而受到一定程度（或者说很大程度）的影响。说得宽泛一点，我们几乎没办法不影响我们观察的事物——只不过程度不同而已。作为观察者，我们的不同想法往往决定了物质的来去生灭和一切表面看到的样子。现象不同且千差万别，但本质却都是能量。

倘若没有任何观察者或者任何想法存在的话，一切物质都是平等无分别的状态。你可以认为它们"什么都不是"，也可以认为它们"什么都是"，这便是佛教所说的"空性"。

你也许会问："可是，这些对赚钱又有什么用呢?"我说，实际上这太有用了，因为物质、意识和能量其实是一体的。如图8-1所示：

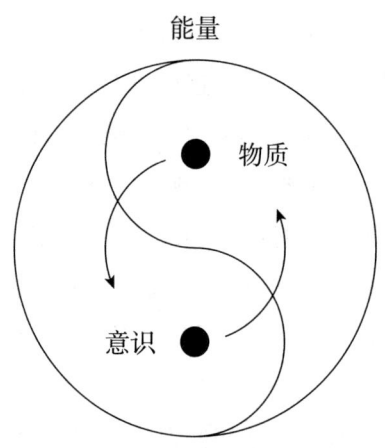

图 8-1 物质、意识、能量

物质、意识、能量被分开，只是因为我们观察的角度、顺序不同，或者因为分别心和局限性，这使我们常常只见其一（指物质的存在形式），不见其二（指意识的存在以及意识和物质之间的转化），更不见其"不二"（指物质和意识皆是不二的整体所创化的结果)。

"不二"就是一切万物的本质，如图8-2所示：

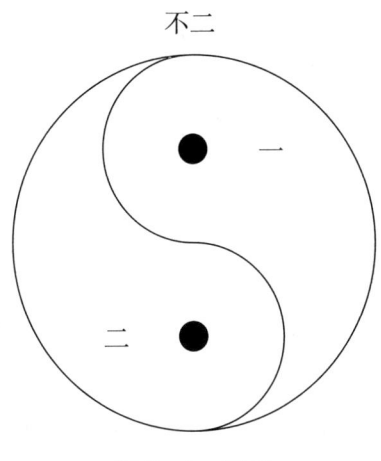

图8-2　不二

如果我们想要创造并显化更多的金钱，那就必须了解金钱背后那个真正的造物主是谁。

难道不是吗？我们可能认为那个造物主就是我们自己，这固然没错。但如果我们看到更进一步的真相，就会发现：那个真正的造物主除了"大我"之外，再没有他物。

我们的意识世界和物质世界，同出于一个共同的源头，那就是"大我"。

财富的灵性法则

钱在宇宙中，一直就存在着，等待着我们去了解它，跟它沟通。我们现在要做的就是更进一步地去学习这些法则，通达这些法则。

我把财富的灵性法则归纳为三条：吸引力法则、系统平衡法则和能量不灭法则。

吸引力法则，又叫业力法则、因果法则，或者磁性原理。它告诉我们：有什么因，就会结什么样的果。正因为"种瓜得瓜，种豆得豆"，你想要什么样的果，便要种什么样的因，因果相随。潜意识就是决定我们能否拥有财富的因，我们内心里有什么，就常常会创造什么、吸引什么。我们把心比作磁铁，"心有多大，世界便有多大"。

恐惧创造匮乏，喜悦创造丰盛。这也是吸引力法则运作中呈现的最基本现象。

恐惧，表现在我们内在运作的负面情感模式和限制性信念上面；而喜悦，则表现为我们心无挂碍，能够做自己喜欢的工作，为更多的人乃至更多的生命服务并创造价值。

系统的平衡法则告诉我们，人一旦与其他人、事、物有所关联、联结，互相影响，便构成了系统。每个人都是更大的群体或系统中的一员。人们随时随地都处于各种系统之中，是系统的一部分。一旦有所观察，观察者和被观察者便同为一个系统。作为万物之灵的人跟万物互相依赖，因而人总是会受到系统中其他的人、事、物的影响。

人类的所有问题在更深的系统层面都能够找到相对应的原因和解决之道。系统会为了维持自身的存在和发展而产生从不平衡到平衡的要求，这对系统中的每个成员或要素都构成了无形的制约。

系统对施与受的平衡有潜在的需求，就会反映在金钱的失去或得到的现象上。

第八章　财富的灵性法则

我们的身、心、灵也是一个系统。在心灵里，潜意识的个人良知和系统良知就像天平一样，自然而然地维持着这属于每个人、每个人所在的系统和外界的某种施与受的平衡。

有很多人失去钱是因为系统中有人从他人那里获得不当得益，或使他们产生了损失、对他人造成了伤害，于是他们也会为整体的、系统的失衡付出代价。反之亦然。有很多人得到钱，也是因为从系统平衡中得到了某种补偿。

能量不灭法则，也叫作不二法则、守恒法则。万物都是能量，而能量总是不生不灭。它会呈现、变换为各种各样的形态存在着，却永不消失。生灭、来去是一切物质现象的两端，能量的本质是不生亦不灭。正如一滴水，它会表现为汽、水、冰不同形态；它可以表现为动态，也可以表现为静止，呈现为山泉、池沼、河流、湖泊、大海等不同的样貌，但本质上都是水。任何力量都无法使这一滴水永远地消失。

金钱也是一样，它永远都是一种能量，在宇宙中到处流动并转化着形态，却永远不会消失。从本质上来说，失去金钱和得到金钱都是一种幻象。失去的可能再回来，得到的也可能再失去。宇宙里没有任何一种能量会只维持一种固有的形态，金钱也不例外。

能量在地球上除了常见的各种物质形态，还有比物质更加精微的存在形态，那就是意识。物质是一种普遍的能量状态，意识则是另一种能量形态，光则是最精纯的能量体态。

创造金钱的本质是能量的转化或交换。如果我们能从根本上熟悉世界上各种能量形态的转变规则，创造金钱和财富便是一件轻而易举的事情。

光是宇宙中最微细的能量状态之一，宇宙间没有什么比为一切生命和心灵创造光明更加伟大的事情了。

"空"——或许有人更喜欢称之为"道""大我"——是最伟大的能量，是一切宇宙能量之母。如能回归空性，则有可能创造一切。

"钱是什么"和"什么是钱"

我们不要小看这两个平常而又简单的问题，因为它们常常反映人们内心深层的潜意识对金钱的信念，也会不经意地暴露人们对金钱的无知和恐慌。

一些人在被问到"钱是什么"及"什么是钱"两个问题的时候，他们的第一反应往往是愣住了。显然，关于钱，他们压根就思考得太少了。即便是被再三追问之后，他们给出的回答也往往是最浅层次的——钱只是钱（货币）而已。

这样的答案本身就表明大部分普通人对金钱的认识都有局限，抱持着这样的认识，我们必然对生活缺少创意，对获取金钱也缺少创意。

我很少看到普通人对金钱抱持敞开灵活的信念。

试想，如果我们能对金钱的形态及来源有着更加敞开、宽阔的认知，金钱流向我们的渠道和可能性会不会更多呢？我们又何至于活在金钱匮乏的感觉之中。

在我看来，"钱是什么"这个问题反映的是我们对金钱的定义，也就是说，我们对金钱的本质有多少了解，例如：

钱是价值的体现；

第八章　财富的灵性法则

钱是一面镜子；

钱是一种关系；

钱就是爱；

钱是有情绪的；

钱是一种能量；

钱是一种能量的流动；

钱是一种思想（想法、精神、意识、文化）；

钱是无处不在的；

钱是每个人对自己价值的肯定和象征；

钱是物质的，又是非物质的；

钱是灵性的（神圣的）；

……

我们试着理解这些看法吧，每一句都可以给我们一个新的角度。

"什么是钱"这个问题则反映了我们对金钱价值现象或形态的了解。想想看，除了货币的形态之外，还有什么是钱呢？再想一下，看得见的钱是什么？那些看不见的钱又是什么？

我们可以把创意转化为金钱吗？

智慧可以是钱吗？

信用可以是钱吗

知识可以是钱吗？

方法可以是钱吗？

才能可以是钱吗？

时间可以是钱吗？

健康可以是钱吗？

平安可以是钱吗？

幸福可以是钱吗？

快乐可以是钱吗？

……

除了最普通、最常见的纸币形态，能够带给我们价值感的一切事物又有什么不是钱呢？显然，我们对金钱的"非常态"了解得越多，就代表内心越能够敞开，金钱流向我们的渠道也就越多而宽阔。

这两个问题也能帮助我们重新理解价值是什么。理解了这两个问题后，我们便会明白，获取金钱不如创造价值，创造价值不如重新定义价值。重新定义价值，最终能够帮助我们在更多的领域创造财富、获取金钱。

创造财富的三个层面

如何重新定义价值呢？我们不妨回到金钱的最基本定义：金钱是一种能量。

金钱是一种能量，我们的心灵也是一种能量。正如很多物质表现为固体、液体、气体一样，宇宙能量也有物质和意念等形式，当然还有最基本的空性状态。从这个角度来说，获取金钱、创造财富，也至少有三个层面：

· 物质；

· 价值感、思想、意念；

· 空性（纯粹的能量、光、无限可能性）。

从物质世界的角度来说，只要是在人类集体意识里具有价值的，都可以称为财富。物质世界里金钱仅是财富的具体象征，财富还有其他各种形态，例如股票、黄金、白银、古玩、土地、矿产、食物、工具等。

在精神世界里，很多事物并不具有物质形态，但同样可以带来财富，譬如信用、权益、品牌、归属感、安全感、艺术和精神的享受等。

光，是能量最纯粹的形态之一。

这三个层面也是吸引力法则运作的三个层面。

从事传统生产的大多数人，运用传统方法和工具，在第一个层面即物质层面创造财富；也有越来越多的人在第二个层面即精神层面创造财富，表现在越来越多的虚拟资源被开发。但懂得在第三个纯粹的能量层面创造财富的人仍然少之又少。

一个人如果内心充满光明，财富自然不会远离。

在未来世界里，懂得怎样让更多的人内心充满光明，他也定会成为这个世界最富有的人。

内心充满光明的人是什么样的人呢？

他们必然是快乐的人，也是世界上最了解能量运作法则的人。他们不仅能够善用物质资源，更善用自己的想法和创意，让自己的心归于空性。

财富的灵性法则

财富的灵性法则包括吸引力法则、系统平衡法则和能量不灭法则。

第八章　财富的灵性法则

心灵成长对创造金钱有什么帮助？

> 长久的财富与致富之道无他，唯有做自己爱做的事情，追随金钱的灵性法则，于采取行动前善用能量与磁性原理，并过着于自己而言充满爱和喜悦的生活而已。
>
> ——欧林丛书《创造金钱》

金钱既然是一种能量，就势必遵循所有的宇宙能量法则：吸引力法则（因果法则）、系统的平衡法则、能量不灭法则（不二法则）。

跟金钱沟通时，我常常会问："我该如何运用这三个法则呢？"

金钱告诉我："这三个法则的运作形式不同，本质上却无不同。"

我又问："心灵成长对创造金钱有什么帮助？"

它却说："心灵成长就是创造金钱啊。"

是啊，拥有金钱，象征着能量丰盛，它是能量在三维空间这个物质世界的表现形式之一。心灵的成长，就是扩展我们的观察者意识，扩展我们自己内心的格局。因为心有多大，世界便有多大。

心灵成长会带给我们更多的创造物质成果的方法，改善我们的生活品质，使我们的生活充满喜悦、活力与爱。越是专注于灵性成长，就越容易心想事成。

灵性成长就是成为"大我"的过程。

我又问:"如何扩展我们的意识成为'大我'呢?"

金钱回答:"不过是体认到自己本来就是'大我'啊!"

我继续追问:"又是什么东西阻碍了我们体认自己就是'大我'呢?"

实际上,这个时候,我发现自己的内心已有答案。

跟金钱沟通到最后,金钱就是"大我","大我"就是金钱。一直以来,都是"大我"在回应我。那些来找我的来访者们、金钱、曾经教导过我们的灵性导师、自己的潜意识等,无一不是"大我"的化身。

欧林丛书里曾经说过:"灵性成长的第一步就是释放那些阻碍我们扩展自己意识的所有成见(各种强烈的执着的经验、限制性信念)。"

在《零极限》里,"大我"系统疗法大师修·蓝博士也说:"支配经验的定律只有两个——来自神性('大我')的灵感,以及储存在潜意识里面的记忆。前者是崭新的,后者则是陈旧的。"他还说:"我们要持续地清理,清理你所要清理的事物,因为我们不知道什么是记忆,什么是灵感。通过清理,我们来到一个被称为零极限的地方,也就达到了零的状态。"

《从未知中解脱》则说:"记得我们的真实身份——崇高、无远弗届、永恒的灵——是超越一切人生困境的方法。"

有一天,我把自己观想在光里面,并问金钱:"我想要创造更多的光,创造更多的能量,应该怎么做?"

金钱说:"那你就把这些讯息写成一本书,去分享给更多的人吧!"

附录 如何跟金钱沟通？

——12个简单而有实效的练习

附录 如何跟金钱沟通？

>>> 练习1：金钱冥想

◎ 基本方法与步骤

拿出你所拥有的最大面额的钱（纸币），一张或者几张。

双手合住纸币，放空你的心。

接着，我们来感觉这张纸币，仅仅是感觉它。感觉它在我们掌心，允许它在掌心。

试着对钱说"你好"，并让它做个自我介绍，倾听它的声音。让你的心平静下来，仔细聆听。

看看我们的感觉是什么，是否感到温暖，掌心感觉到愉快的温暖？这是金钱的第一个特征——它很温暖。

接下来，看看你心里是否出现一些画面或想法，允许它们自然发生。

例如，有一个女士第一次这样做时，想起她小时候妈妈从她嘴里拿走一张纸币的画面。妈妈告诉她，钱是多么的肮脏，并且急忙带她到洗手间清洗嘴巴，还警告她不许再把钱放进嘴里，每次碰钱后一定要洗手。这件事对当事人造成的巨大影响是，她不让钱进入自己的生活，不允许钱接触自己，因为在她的潜意识里，钱是非常肮脏的。

也许我们会惊讶于想起的一些画面，也许已经有很长时间不曾想过这样的事情，但我们要感谢它们浮现出来，然后放下它们。

你也可以听听看，是否可以听到任何声音，或任何字句？无论你感觉听到什么声音，都请允许这个声音发出来，并对它说:"我同意。"

如果在冥想中你收到任何负面的反馈,你要做的是:感谢这些画面、这些声音、这些感觉,或者这些障碍,并释放它们。任何的负面讯息浮现出来,都是给我们机会放下它。

先花几天时间或是几个星期来做这一练习。

练习完成后,请对金钱说:"谢谢你,我爱你!"

◎ 方法说明

这个练习至少每天做一次,这会为后面的几个练习打好基础。

做这个练习时要闭上眼睛,这会让我们更容易专注,还可以先观想光在你自己身上和你的钱上面。

这个练习可以培养我们对钱的感觉,让我们更多地了解金钱,进而改善我们和金钱的关系。

我们跟金钱在一起的时间越多,越能感受到金钱的能量和价值。

跟金钱在一起进行能量交流,我们可以培养自己的觉察力,觉察到那些浮现出来的潜意识里的声音、画面、想法甚至是事件讯息,试着理解它们是如何主导我们与金钱的关系的。

只有这样,你才想象得到金钱更多地进入你的生活时的样子,并允许自己去感觉拥有金钱的喜悦和快乐。

可以想象钱让你的生活变得丰富精彩的画面,这也是金钱表达自己的方式——让我们的生活丰富精彩,在你生活的每一处。

>>> 练习2：用纸片来探索你跟金钱的关系

◎ 基本方法与步骤

在地面上设置两个面对面的位置，每个位置放一张纸，在其中一张纸上写上"自己"或是你的名字，另一张纸上写上"金钱"。

先站在你自己的位置，看着"金钱"所在的位置，注意去感觉：

- 身体有什么反应？
- 身体想靠近那个"金钱"的位置更近一些，还是更远一些？
- 是想面对它，还是想转身到其他方向？
- 是否还有其他反应？
- 内心有什么感觉？
- 凭直觉感受，心里面是否有其他想法涌现？或者想到什么事？

接下来，从自己的位置抽身出来，停留一会儿之后，站在"金钱"的位置上，看着"自己"或自己名字的位置，去感觉：身体有什么反应？心里有什么情绪反应和想法呢？

再从金钱的位置抽身出来，站在"自己"的位置上，想对金钱说些什么吗？试着表达出来。

如果想移动你的位置，就试着移动到你觉得更适合自己、让自己感觉更好的位置。

如果你不知道自己要说什么，就试着说："对不起！请原谅！谢谢你！我爱你！"

移动位置并说一些话之后，再抽身出来，站在"金钱"的位置上感觉一下，会有什么回应？身体感觉有什么不同？想变化位置吗？心理感受如何？有什么想法要表达吗？跟一开始有何不同？

如果需要，可以多做几个回合，直到自己觉得探索够了为止。

◎ 方法说明

这个练习是运用空间位置也就是场域的力量，来探索我们跟金钱的关系。你也可以用这个方法来探索你跟其他人、事、物的关系，例如疾病、伴侣，或者某个人等。

>>> 练习3：用人作代表，来探索你跟金钱的关系

◎ 基本方法与步骤

在团体里面，找出两个人来，指定他们两个分别扮演你和金钱的角色。为了更好地呈现你跟金钱之间的互动关系，找的这两个代表要对身体感觉比较敏锐（通常女性对身体和内心的感觉比男性更敏锐一些）。

让这两个人相对站立，中间隔开一定距离。

让这两个人放空自己头脑中任何主观的想法，只需要跟随着自己身体的感觉移动。我们借由专注地观察场上这两个人的移动和反应，来了解你跟金钱之间的关系现状。

看看是否能够注意到：

- 你的代表面对金钱的代表时，是什么反应？是往后退，还是往前靠近呢？他们之间的距离如何？
- 你的代表会一直看着金钱的代表吗？还是会转头看向其他方向？
- 你的代表和金钱的代表看向对方的眼光是友善的吗？
- 你的代表站得稳定吗？有没有摇晃或是想要倒下来躺在地上，还是有其他身体反应？
- 金钱的代表愿意看你的代表吗？愿意往前靠近你的代表吗？
- 金钱的代表站得稳定还是摇晃？或是想要倒下？还有其他身体反应吗？

- 代表们有什么话是直觉里想要说出来的吗?

……

◎ 方法说明

根据场上代表的反应,我们可以了解到你跟金钱的关系现状如何。这个方法来自家族系统排列治疗。因此,如果能在有经验的系统排列治疗师的指导下做这个练习,效果会更好。

这个方法对于做代表的人有一些基本的要求,那就是:代表要张开眼睛,尽量放空自己的想法或意图,专注于身体的感觉,并跟随自己在场上接收到的感觉去缓慢移动。

代表们的移动越慢,越说明他们的反应不是发自头脑,而是来自内心深层,因此所呈现的就会越发真实。

两个代表之间的距离远近、目光是否对接、彼此面对的方向和位置、下意识想要脱口而出的话,都会直接地反映你跟金钱之间的关系。

一个人跟金钱的关系很好的时候,他的代表和金钱的代表都能互相看向对方,能够走近对方,甚至敞开怀抱拥抱对方。

>>> 练习4：清除潜意识里面的阻碍
——跟金钱有关的愧疚感或罪恶感

◎ 基本方法与步骤

找一个自己独处的空间和时间，给自己至少30分钟，专注地做这个练习。还要准备好一支笔和几张空白信笺。

静静地坐着就好，调整自己的呼吸，让自己身心放松。

然后，用笔在信笺纸上写下这几个问句：

一、关于金钱，自己这一生从出生到现在，有什么事情让自己感觉到愧疚、自责，甚至是有罪恶感的？

二、关于金钱，自己这一生从出生到现在，有什么事情让自己感觉到是不该做却做了的？

三、关于金钱，自己这一生从出生到现在，有什么事情让自己感觉到是该做却没有去做的？

四、关于金钱，自己这一生从出生到现在，有什么事情是自己一直不敢告诉他人的（对公众或对身边的某些人有所隐瞒）？

允许自己敞开心灵，去面对自己内心幽暗隐秘的过去。每个问句都请自己对自己提问，问了之后，闭上眼睛，静坐片刻，针对这句提问，允许自己想到过去发生的任何人、事、物，浮现任何可能的场景、画面、情绪、感受或者想法，再把它们记下来。

举例来说，你问了自己第一个问题之后，内心里浮现出自己小时候偷拿班里同学书包里的零钱买零食的记忆，就请你把这件事大概写下来（包括大概的时间、地点、人、事件内容、结果等）。

以此类推再问下面的问句。

给自己充分的时间去完成这个练习。

当你写下了一些事件，再你请闭上眼睛，好好观想这些事件里面的每一个人以及那些金钱在光里面，对他们诚挚地说："对不起！请原谅！谢谢你！我爱你！"

说完这些，你可以再去感觉这些人或者金钱在光里面对你有什么回应。凭你的直觉去感应他们。无论他们是什么反应，要告诉你什么，都没有关系，请你在心里面同意并允许一切自然发生。

当你做完这些，观想他们在光里面离开，再慢慢睁开眼睛。

◎ 方法说明

提问之后，以直觉为准，想到了就写下来，不要把焦点放在分析原因或评判上面。任何在脑海里面浮现出来的事件或人，都允许自己写下来，我们只需要去理解这些事如何影响到你。

这个练习有助于我们探索内心对金钱的愧疚感或罪恶感，这些感觉常常是潜意识的，在我们的生活中有很深远的影响。

不管是什么原因，当我们感到有罪恶感时，我们会想做什么呢？常常是让自己无意识地受苦，有时候是生病，有时候是失去我们拥有的——金钱、财物甚至是一些好的机会。

所以，如果你做过一些产生罪恶感的事情，常常会无意识地为它付出代价。

后面的步骤里我们所做的就是帮助自己释放内心挂碍的这

些愧疚或罪恶感。当我们可以带着爱去看着这些曾经伤害过的人，勇于承担这些罪责感而不是逃避的时候，我们就会找回自己的力量，否则我们会继续失去力量。

失去金钱，也是失去力量的一种体现。

经由这样的心灵沟通，我们将盲目的自我惩罚转化成敢于承当的勇气，而那些无意识的阻碍，也常常可以转化为得到对方的宽恕和祝福。

>>> 练习5：发现你的限制性信念

◎ 基本方法与步骤

试着检阅一下下面列举出来的限制性信念，有些可能符合你，有些可能不符合你。不管怎样，先逐条看一遍。

例如关于商业领域的限制性信念，常常有：

- 不够资格做大生意；
- 小生意赚不了钱；
- 恐惧投资会失败；
- 讨厌（不喜欢）跟（某些）客户打交道；
- 做业务就是要（骗）客户的钱；
- 害怕被拒绝；
- 觉得自己的产品或服务不够完美；
- 害怕借债，还不起钱；
- 害怕被催债；
- 做生意就是你亏我赢；
- 只有通过弱肉强食、竞争胜利才可以赚钱；
- 做生意就是尔虞我诈；
- 没法和别人合作，不信任跟自己合作的人；
- 做人或做生意要小心翼翼，否则会被人占便宜；
- 觉得自己不适合做老板；
- 担心失败；
- 现在市场不景气，赚钱很难。

普通人可能常有的一些限制性信念：

- 凡事喜欢讨价还价；
- 凡事要节约用钱，一分钱也要掰成两半花；
- 觉得自己没有价值感，只能用旧的东西；
- 要省着点；
- 觉得东西太贵，买不起；
- 总是担心钱不够用，担心没钱；
- 爱一个人，就要复制他们（如父母）的旧习惯，譬如贫穷；
- 家里太穷，不是有钱的命；
- 不值得、不配拥有这么好的物质生活；
- 买任何东西都一定要砍价，因为商家赚得太多；
- 太有钱了会不安全，害怕受伤害；
- 害怕花了钱就没有了，所以要只赚不花；
- 要穷得有骨气；
- 贪财是罪恶；
- 贫穷是罪恶；
- 我没有那么大的福报；
- 钱是肮脏的、不干净的；
- 讨厌有钱人，有钱人都是为富不仁的；
- 讨厌借钱的人；
- 怕被借钱不还，怕因为钱而损害关系；
- 觉得赚钱没有意义；
- 人生拥有什么都没有意义；
- 害怕超过我的兄弟姐妹、父母、朋友、老师；
- 讨厌跟人打交道，人都是势利的；

- 不想帮助别人，人都是自私自利的；
- 我不值得别人帮助；
- 我一定要改变别人才行；
- 习惯拖欠（拖延）；
- 要赚钱，就要做自己不喜欢的事情；
- 要赚钱就一定要心狠；
- 赚钱一定要通过艰苦奋斗才行；
- 赚钱是很难的；
- 害怕赚客户的钱；
- 只想赚客户的钱；
- 不尊重钱；
- 太吝惜钱；
- 担心发生最坏的事情；
- 凑合、将就；
- 不相信好事会发生在自己身上；
- 不能接受别人的任何给予；
- 不相信宇宙是丰盛的，相信匮乏；
- 资源有限；
- 不相信奇迹；
- 赚钱是大人的事情，把自己看成孩子；
- 不敢承当，逃避生命；
- 想要去死，内心有离世的动力；
- 恐惧、害怕、担心（如失去、死亡、分离、贫穷、爱、年老、失业、受伤害、失败、孤独、与人联结、上台、接触别人的眼光、被拒绝、受批评、负面、接受、自己

附录　如何跟金钱沟通？

的恐惧……）。

在灵性、宗教领域里，较为常见的限制性信念有：

- 金钱是不好的；
- 一切战争、冲突、祸乱都是因为钱；
- 不能拥有钱，因为要有出离心；
- 害怕因为过去做过一些不好的事情而受责罚；
- 人生到这个世界就是来赎罪的；
- 觉得自己有罪；
- 要代替别人赎罪；
- 轻视自己内在的佛性（神性）；
- 做人要安贫乐道；
- 只想做义工，不敢要回报；
- 不值得拥有好的；
- 不可以有太多钱，因为那样会妨碍一个人的"往生"；
- 有钱是罪恶；
- 我没有那么大的福报；
- 钱是脏脏的，不干净的。

以上关于财富的限制性信念，从0—10分，你执着的程度是几分呢？

如果你对一个信念的执着程度超过了5分的话，就好好检视一下自己：

这些信念是什么时候持有的？是谁告诉自己的？这个信念是真的吗？可以有其他选择吗？

试着把更适合自己的信念用红笔写在这个信念旁边。

◎ 方法说明

这个练习有助于发现我们内心潜藏的限制性信念，这些信念对很多人来说常常是无意识的。

人们对金钱的恐惧和担心，常常以这些限制性信念的形式存在着。觉察、观照我们潜意识里关于金钱的限制性信念，有助于我们探索它们并进一步转化它们。

如果你感觉自己无法独立完成这个练习，就让专业心灵沟通师来引导你来完成整个探索过程。

>>> 练习6：深入探索你的限制性信念

◎ 基本方法与步骤

如果你在练习5里觉察到自己对金钱拥有某个限制性信念，那么现在这个练习可以帮助你更深入地探索。

给自己至少30分钟的时间，让自己独处，静坐片刻，并放松身心。

拿出事先准备好的纸笔。在纸上记下这个被你发现的限制性信念，闭上眼睛，进入潜意识放松冥想的状态。

允许自己去自由浮想，在内心里允许自己被这个信念带领着回溯过去。你可以把自己交由这个问题来引导：过去发生了什么事让我有这个念头或想法？

当你想到某件事，允许自己浮现当时的情境、联结到某些人、感觉到当时的某些感受……

在心里重温这个事件，尽量面对而不是逃避。整个过程中你都可以观想光在自己身上。不想进行下去的时候，可以随时喊停，并睁开眼睛。

记住，这个练习只是允许自己再现事件的原貌，并不需要分析事件发生的原因，或是评判某个人。

然后，当你内心重温了一遍这个事件之后，再问自己：更早之前还有其他类似的事情吗？

允许自己继续回溯，浮现出相关的画面、人物或有关场景……

当你回溯到一定的事件时，就可以停下来，暂告一个段落。

引导自己转识成智，问自己：

- 我从这些关于金钱的事情中看到了什么？
- 我看清楚了自己对金钱的限制性想法吗？
- 我学习到什么？
- 还有什么领悟？

然后结束这个练习。

◎ 方法说明

这个练习适用于深入探索自己的限制性信念，并释放潜意识里对金钱的恐惧，清理赚钱的阻碍，增加自己对财富的吸引力。

除了内在冥想、回溯的方式，你还可以用类似写日记的方式去回溯，把回溯到的事件内容，像记日记一样写下来。

如果回溯到的一些事件内容过于沉重，导致你无法独自进行这个练习，说明这个事件对你的影响最大。这时候不妨去找有经验的心灵沟通师来引导你，哪怕是需要付费也该去完成它。

>>> 练习7：跟金钱进行深度沟通

◎ 基本方法与步骤

在一个团体里面进行。

找一个人扮演主持人的角色，另一个人扮演金钱的角色。扮演金钱角色的人必须是比较容易进入潜意识放松状态的人。

主持人搜集并写下团体里面每个人想了解的关于金钱的所有问题。

每个人都可以提出自己在金钱方面比较关心的问题。例如：

- 金钱是怎么来的？以后会去哪里？
- 成为金钱之后，有什么想法和以前不同？
- 金钱对使用者有何建议？
- 金钱喜欢什么样的人？不喜欢什么样的人？
- 金钱喜欢流向哪里？
- 金钱希望人类怎样使用它？
- 如何赚更多的钱？
- 对于某个行业，金钱有何看法？

……

拿出一些钱，可以是人民币，也可以是其他货币，放在扮演金钱角色者的身边，一个他可以看到的位置，以利于他进行观想。

然后，主持人可以引导金钱角色的扮演者充分地放松身心，进入潜意识放松状态。

引导他观想光在自己身体上面，完全打开自己的心，去融入金钱，完全成为金钱。

引导他完全融入金钱之后，大家可以去了解他成为金钱后的想法，并将列出的所有问题逐一对金钱扮演者进行提问，扮演者作为金钱一一给予回答。

所有问题，可以交由主持人代为提问，当然也可以在沟通过程中让其他人一起参与提问。

提问回答完毕之后，主持人需要引导扮演金钱角色的人退出角色，让注意力回到自身，并睁开眼睛。

◎ 方法说明

这个练习可以帮助我们了解金钱的想法（人类集体的意识、智慧），获得使用金钱、创造财富的智慧。

>>> 练习 8：练习跟金钱打招呼

◎ 基本方法与步骤

列出你跟金钱打招呼的时候想说的话，至少七句以上。这些话越符合你的个性和脾气越好。

首先，请你在意识里面开始把金钱看成一个朋友，至少把它看成是一个人。如果金钱是一个人的话，你会把它想象成身边谁的样子呢？是男人还是女人呢？

无论这个人是什么样子，都请你相信自己的直觉。

然后，想象你每天都会不经意地碰到他（她）。你希望跟他（她）建立友谊，你跟他（她）打招呼时会说些什么呢？

你也想象一下，如果你是钱的话，最想对他（她）说的话是什么？他（她）会希望你怎样跟他（她）沟通？例如：

- 钱啊，欢迎你来到我的生活中。你是无限丰足的。无论你以什么形态、什么方式存在，我都喜欢你。
- 钱啊，感谢你丰盛了我的生命！你让我感到充实、温暖！
- 钱啊，我爱你，请你带着更多兄弟姐妹来到我这里，我一定好好发挥你的价值！
- 钱啊，愿你像潮水一样涌到我身边。我会把你分享给更多的人，做更多有价值的事情，让更多的人感到开心和快乐！
- 钱啊，我要忏悔过去对你做过的不该做的事情。我没有好好珍惜你在我身边的日子，真是对不起！请原谅！谢谢你！我爱你！

- 钱啊，我每天思考如何为世界创造更多的价值，来给你增加荣耀！
- 钱啊，我相信你的流动，你即使暂时离开，也会再回到我身边，并带着更多的族群朋友。因为我知道你是循环的。
- 钱啊，我爱你家族里的每一位伙伴。欢迎你带他们来我这里，我也会像对待你一样珍惜他们。
- 钱啊，我喜欢你的味道。
- 钱啊，我喜欢你带给我的感觉。收到钱的感觉和花钱的感觉都是那么开心快乐！
- 钱啊，我很享受你带给我的一切！你让我总是想到那些开心快乐的事情！
- 钱啊，我喜欢你不断倍增时的感觉……

◎ 方法说明

运作能量的最重要的方式，一是语言，二是观想。

所以，每天早上或晚上，你希望对金钱说些什么，来让他（她）喜欢来到你这里？你会用什么样的语气对他（她）说话？怎么称呼他（她）？

除了发挥你的想象力之外，试着这么做一做吧！也许第一次、第二次你不习惯，还会觉得很怪，但正因为这样你才需要这个练习。

>>> 练习9：观想金钱来到你身边的渠道

◎ 基本方法与步骤

想想金钱以往是怎么样来到你这里的，并描述一下你收到最大一笔钱时的那种体验和感觉吧！

你看到当时的画面是什么样子的？你看到什么让你知道这笔钱从此属于你了呢？你听到了什么声音？你内在的情绪感受是怎样的呢？你感到身边多了什么？有谁跟你一起分享这份快乐呢？

然后你再想出至少七个金钱流到你身边的渠道和方式，并在想象中把它们变得生动具体，就算是幻想也没关系，想得越仔细越好。

- 你将看到什么画面？画面里面有哪些内容、元素？
- 听到什么声音？声音是怎样的？
- 身体感觉到了什么？
- 闻到了什么气味？
- 嘴巴尝到了什么味道？
- 心情是怎样的？
- 想法和感受如何？
- 有谁分享你的喜悦？

◎ 方法说明

你越是能够观想到金钱来到你面前的整个情境，越有可能在生活中创造出这个情境。

整个练习过程就是这样：越自由越好，越快乐越好，越具体仔细越好。

>>> 练习10：睡前原谅所有的人和事情

◎ 基本方法与步骤

闭上眼睛，观想你今天遇到的所有人和事，允许他们像电影一样在脑海里回放。

然后，当你发现你的内在焦点一直在某个人或某件事上，那么请观想光在这个人身上或者在这件事发生的背景画面里。

无论此刻你有什么样的感受，都允许它发生和存在，请呼唤你的"大我"，对"大我"说："对不起！请原谅！谢谢你！我爱你！"

然后，把注意力放在呼吸上面。

再继续，直到你的内心获得平和。

◎ 方法说明

过去的就让它过去吧。这个方法也可以用来清理你潜意识里的人际关系障碍或财富障碍。无论今天发生多么糟糕的事情，都要学会不去怨恨别人，让自己负起百分之百的责任，让自己的心回到平和清零的状态。

>>> 练习11：让金钱流动起来

◎ 基本方法与步骤

想出至少七个你平时最喜欢花钱的渠道或去处，让你的金钱流动到你喜好的事物那里。再想出至少七个你愿意为他（她）花钱的人。列出来，再仔细想象一下你把钱流到那些地方或那些人手里时你的感觉，以及这件事里每个人的感觉。

从整个宇宙的角度而言，花钱就是赚钱。每个人花钱的方式是不一样的，有的人喜欢旅行，有的人喜欢服饰，有的人喜欢美食，有的人则喜欢运动，还有的人喜欢房子、投资……因人而异，每一个人都有自己不同的选择，你要找到自己的感觉。

◎ 方法说明

让金钱流到那些让你感觉好的东西上，你的生命就会越来越富足。金钱，一直在流动着，就像一条河流在流动。

许多富有的人其实并没有很多现金，却有很多资产，因为他们让钱不断地流出去，流到那些生钱的地方。

请让钱流出去吧，这样，钱也就可以流进你的口袋。如果你的钱没有流出去，更多的钱就进不来了。

创造价值的本质，就是创造让人感到由衷开心的事物。

关于钱的流动，你有两个选择：一是流向让你感觉好的事物上，二是流向让你感觉不那么好的事物上。

当你把钱流向那些让你感觉不好的事物时，流回来的钱就会变少；当你把钱流向让你感觉特别好的事物时，钱也会加倍地流回来。

>>> 练习12：运用本书的方法帮助你身边的朋友

◎ 基本方法与步骤

根据本书的方法和练习，把身边的每个人，尤其是在金钱方面有些匮乏感的朋友，都当成你播种财富种子的田地。

想想哪个练习最能够帮助到他。例如：

- 帮助他做一次心灵沟通，回溯过去发生的事件，释放潜意识里的负面记忆；
- 把这本书赠送给他；
- 引导他进行一次金钱冥想；
- 跟他分享你看了这本书的收获

……

◎ 方法说明

他人是你潜意识的一部分。

你帮助了一个人后，不要刻意去想会带给你什么结果。从播种到结出果实总是需要一些时间的，你只要从帮助他人的过程中感受到快乐就可以了。

参考书目
BIBLIOGRAPHY

1. ［德］伯特·海灵格. 成功的法则. 北京：世界图书出版公司, 2011.

2. ［德］伯特·海灵格. 成功的人生. 北京：世界图书出版公司, 2012.

3. ［德］伯特·海灵格. 成功的序位. 北京：世界图书出版公司, 2012.

4. ［德］伯特·海灵格. 心灵活泉. 广州：广东经济出版社, 2011.

5. ［美］罗伯特·舒华兹. 从未知中解脱. 台北：方智出版社股份有限公司, 2009.

6. ［美］麦克尔·罗奇格西. 当和尚遇到钻石. 北京：京华出版社, 2005.

7. ［美］麦克·罗奇格西, 克丽丝蒂·麦克奈丽, 迈克尔·郭尔登. 业力管理. 南昌：江西人民出版社, 2011.

8. ［美］尼尔·唐纳德·沃尔什. 与神对话（第一卷）. 上海：上海书店出版社, 2009.

9. ［美］乔·维泰利, 伊贺列卡拉·修·蓝. 零极限. 北京：华夏出版社, 2009.

10. ［美］萨娜娅·罗曼, 杜恩·派克. 创造金钱. 天津：天津科学技术出版社, 2009.

11. ［日］江本胜. 水知道答案. 海口：南海出版公司，2009.

12. ［日］石川拓治. 这一生，至少当一次傻瓜. 海口：南海出版公司，2012.

13. ［瑞士］琳达·托马斯. 清洁的力量. 北京：华夏出版社，2021.

14. 吴中立. 重塑疗法. 北京：九州出版社，2014.

15. 吴中立. 与道同行. 吴中立个案工作室.

图书在版编目（CIP）数据

财富的灵性法则 / 吴中立著. -- 北京：华夏出版社有限公司，2025 -- ISBN 978-7-5222-0979-1

Ⅰ．B018

中国国家版本馆 CIP 数据核字第 2025B47B13 号

财富的灵性法则

著　　者	吴中立
责任编辑	霍本科
责任印制	刘　洋
封面设计	殷丽云
出版发行	华夏出版社有限公司
经　　销	新华书店
印　　装	三河市少明印务有限公司
版　　次	2025 年 10 月北京第 1 版　2025 年 10 月北京第 1 次印刷
开　　本	880×1230　1/32
印　　张	7
字　　数	168 千字
定　　价	45.00 元

华夏出版社有限公司　社址：北京市东直门外香河园北里 4 号
　　　　　　　　　　　　邮编：100028　网址：www.hxph.com.cn
　　　　　　　　　　　　电话：010-64663331（转）
　　　　　　　　　　　　投稿合作：010-64672903；hbk801@163.com

若发现本版图书有印装质量问题，请与我社营销中心联系调换。